Victor Grossman

Ein Ami blickt auf die DDR zurück

SPOTLESS

spotless erscheint im Verlag Das Neue Berlin
Redaktion: Frank Schumann

Bezug im Abonnement: 12 Ausgaben im Jahr
Jahresabonnement Inland 59,50 Euro
Europa 74,50 Euro, Welt 84,50 Euro
Einzelausgabe: 5,95 Euro

ISBN 978-3-360-02039-0

1. Auflage

Umschlaggestaltung/Satz: edition ost
Cover-Foto: Robert Allertz

Druck und Bindung: Salzland Druck, Staßfurt

Ein Verlagsverzeichnis schicken wir Ihnen gern:
Das Neue Berlin Verlagsgesellschaft mbH
Neue Grünstr. 18, 10179 Berlin
Fax 01805/35 35 42
Tel. 01805/30 99 99 (0,14 Euro/Min., Mobil max. 0,42 Euro/Min.)

Die Bücher von spotless und des Verlages Das Neue Berlin
erscheinen in der Eulenspiegel Verlagsgruppe.

www.edition-ost.de

Inhalt

Die Kommunisten, es ist wahr,
besitzen keine Religion (kein Mensch ist vollkommen),
die Kommunisten sind sogar Atheisten
(was gewiss eine große Sünde ist),
aber in ihren obersten Prinzipien huldigen sie
dem absolutesten Kosmopolitismus,
einer allgemeinen Völkerliebe, einer auf Gleichheit
beruhenden Verbrüderung aller Menschen,
freier Bürger dieses Erdballs.
Dieses Grunddogma ist das gleiche,
welches einst das Evangelium gepredigt hat,
so dass die Kommunisten in Wesen und Wahrheit
viel christlicher sind als unsere sogenannten
germanischen Patrioten, diese bornierten Verfechter
einer exklusiven Nationalität.

Heinrich Heine in: Lutetia
(Werke und Briefe in 10 Bänden, Bd. 6, S. 247,
Aufbau 1980)

Ich kam, ich sah und wurde traurig

Vierundzwanzig Jahre lang lebte ich als US-Amerikaner im führenden Land der freien Marktwirtschaft. Plötzlich – plumps – und durch seltsame Umstände rutschte ich in ein Land der Planwirtschaft, verschiedentlich geschildert als sozialistisch, realsozialistisch, kommunistisch oder viel, viel schlimmer, also in die DDR. Dort lebte ich mehr als 37 Jahre. Dann – wieder plumps – und ich befand mich 1990, wieder durch seltsame Umstände, nochmals in der Markwirtshaft, also in der Bundesrepublik Deutschland. Welche der beiden unfreiwilligen Landungen war eher ein Glück, welche eher Pech? Streiten Menschen noch immer darüber?

Für mich ist wichtig, dass ich in beiden Systemen gelebt habe, in beiden als Fabrikarbeiter, in beiden als Student, und in beiden die Möglichheit bekam, viel herumzukommen, von New York bis San Francisco, von Eisenach bis Kap Arkona, und auch sonst viel reisen konnte, im Osten wie im Westen, also manches in diesen so kontrastreichen Welten vergleichen durfte. Ich will um Gottes Wille nicht behaupten, auch nicht wegen meines Lebensalters, dass ich deswegen klüger oder richtiger denke als andere. Ich meine nur, dass ich manche Erfahrungen und Möglichkeiten hatte, die nicht jedem zuteil wurden.

Und hege ich trotz dieses Lebenslaufs noch Zweifel? Bin ich noch so stur, dass ich nicht mal zwischen Gut und Übel unterscheiden kann, zwischen Recht und Unrecht? Und wenn ich womöglich nicht persönlich darunter leiden musste, konnte ich mir in all den Jahren kein richtiges Bild von der totalitären Diktatur machen, vom Stalinismus? Und weiß ich nicht vom klugen Spruch des berühmten britischen Freiheitskämpfers Winston Churchill, der sagte: »Die Demokratie ist die schlechteste aller Staatsformen, ausgenommen alle anderen«?

Um Gottes Wille, bejammere ich denn immer noch, trotz besseren Wissens, den seit 21 Jahren begrabenen Leichnam einer Diktatur, einer Missgeburt, jene sich selbst nennende Deutsche Demokratische Republik?

Nun, meine Erfahrungen gaben mir mindestens eine wichtige Einsicht: Man soll mitSchwarzweiß-Urteilen sehr vorsichtig sein. Sicher gibt es Fälle, wo sie nötig sind. Vielleicht liegt es jedoch an meiner Tradition oder an meinem Bildungsweg, dass ich gegen das Simplifizieren bin, und viel eher dem *Einerseitsandererseits* zuneige, oder, um noch ein Zitat zu verwenden, jenem »De omnibus dubitandum« (An allem ist zu zweifeln). Das stammt zwar nicht von Karl Marx, es ist vielleicht von Descartes, doch der Mann aus Trier es einmal zu seinem Lieblingsmotto erklärt.

Gewiß, die DDR scheiterte, sie ist ohne Zweifel untergegangen. Dennoch hat man irgendwie vergessen, sie zu vergessen. Fast jeden Tag lese ich in der Zeitung, fast jeden Abend sehe ich es im Fernsehen, wie gegen den Leichnam getreten wird, mal mit Stilettoabsätzen, mal mit harten Stiefeln. Ein »Stasi-Film« nach dem anderen wird gedreht, alte »Bürgerrechtler« beklagen regelmäßig, dass die Schulkinder durch die Märchen ihrer Eltern und Großeltern in die Irre geführt werden, weshalb sie noch häufiger in immer neue Ausstellungen gefahren werden sollen. Wieder und wieder registriert man mit großem Bedauern, dass immer mehr Ostdeutsche die DDR zwar nicht zurücksehnen, aber Vergleiche mit der Gegenwart anstellen und darum manch gute Seite an der DDR erinnern. Dann kommt schnell wieder ein Fernsehbericht, mal mit gutmütigem Spott, mal mit bissiger Ironie, oft jedoch wütend, um den Bewohner der toten Republik bewusst zu machen, wie schlecht und unfrei sie damals lebten, und zugleich auf diesem Wege jene zu entlarven und zu verdammen, die nicht bereit sind, alles, absolut alles im und am Unrechtstaat zu verurteilen, wie gefordert.

Ich muss echt überlegen, warum man dieses Thema nicht endlich ruhen lässt. Gibt es nicht genügend aktuelle Probleme, die dieses Thema völlig überlagern und verdrängen müssten? Nein, offensichtlich fürchten immer noch welche, dass der Kadaver, wenn er schon nicht mehr beißen kann, dennoch irgendwie zurücktreten könnte.

Sofort muss ich pflichteifrig klarstellen: In den vielen Jahren, als ich die DDR beim Wachsen und dann beim Untergehen beobachtete, habe ich noch schneller als Dativ-Endungen auf Deutsche fluchen gelernt, aber auch innerlich geweint und nicht wenige Illusionen aufgegeben, mit denen ich als Jungkommunist hier gestrandet war. Besonders in meinem gelernten Beruf als Journalist fragte ich mich damals bisweilen, weshalb es vermutlich intelligente Menschen »da oben« eine Informationspolitik praktizierten, die ihre eigenen Ziele konterkarierten und also massiv den Sozialismus beschädigten? Oft fragte ich mich auch, warum viele Leute leiden mussten –

manchmal nur durch verbale Angriffe, mitunter durch scharfe Berufsknicke und Verbote und gelegentlich auch durch Haft. Viel, viel zu oft habe ich traurig mitbekommen, wie durch überzogene Härte, Misstrauen und mangelnde Menschlichkeit loyale Zeitgenossen zu Feinden gemacht wurden.

Ja, das alles kannte ich. Ich sprach häufig darüber, manchmal freilich biss ich mir eher auf der Zunge. Oft hing das vom Gesprächspartner oder von der Situation ab. Jedenfalls behaupte ich, dass ich niemals ein naiver, unkritischer Bewunderer war. Daran hinderte mich schon, wenn nichts anders, mein Bildungsweg in manchen Schulen und an einer führenden Hochschule meiner Heimat.

Und bin ich Sturkopf trotzdem Anhänger dieses Staates geblieben? Undenkbar! Habe ich denn überhaupt Gründe für meine wohl doch naiv, dumm oder gar böse erscheinende Treue. Doch!

Und an einigen kann ich mich erinnern.

Und trotzdem blieb ich der DDR treu. Warum?

Der erste Grund war, dass ich in den 1930er und 1940er Jahren in New York als Antifaschist, noch dazu als jüdischer Antifaschist, aufgewachsen bin. Von der Kindheit an habe ich dort gelernt, die Nazis zu hassen. Je mehr ich über sie erfuhr, desto tiefgründiger hasste ich sie. Als ich in die DDR kam merkte ich schnell, dass die ganze herrschende Kultur eine antifaschistische war.

Zuerst erkannte ich das an den Namen von Straßen und Schulen, später an Filmen wie »Die Mörder sind unter uns«, »Ehe im Schatten«, »Affäre Blum«, »Nackt unter Wölfen«, »Jakob der Lügner«, »Sterne«, »Die Verlobte«, oft genug waren das künstlerische Meisterwerke. Ich begann, Bücher auf Deutsch zu lesen und fand in fast jeder Buchhandlung Anna Seghers »Siebtes Kreuz«, »Nackt unter Wölfen« von Apitz, Literatur über den Krieg in Spanien 1936-39 und viele andere.

Ich hatte das Glück, die böse Zeit zu verpassen, wo »westliche Immigranten«, meist jüdische, misstrauisch und mies behandelt wurden, jene Periode, die nach Stalins Tod nahezu abrupt endete.

Als ich 1954 aus der Kleinstadt nach Leipzig kam, stellte ich fest, dass die führenden Professoren an meiner Fakultät Anti-Nazis waren, darunter der Dekan, Hermann Budzislawski, der bekannter Verleger Wieland Herzfelde, beide waren in den USA im Exil, sowie Hedwig Voegt, die in Hamburg von den Nazis wegen Widerstandes dreimal eingesperrt und brutal misshandelt worden war.

1958 zog ich nach Berlin. Die Chefs in allen meiner vier Arbeitsstellen waren Antifaschisten, oft jüdische Emigranten. Walter Czollek überlebte mehrere Nazi-Lager, konnte nach Shanghai flüchten und war nun Chef vom großen Verlag Volk & Welt. Der prominente USA-Emigrant Gerhard Eisler leitete den Funk. Der Präsident der Akademie der Künste, meiner letzten Arbeitsstelle, bevor ich Freischaffender wurde, war der (auch jüdische) Filmregisseur Konrad Wolf, der die Nazis in der Uniform der Roten Armee bekämpft hatte. Leitend in einer großen Zahl von Theatern, Kunstverbänden und ähnlichen Institutionen waren aktive Anti-Nazis, viele davon jüdisch, wie Anna Seghers, Ernst Hermann Meyer, Lea Grundig, Helene Weigel, und und und. Ich war und bin bis heute davon überzeugt: Hier war der antifaschistische Geist vorherrschend!

Freilich merkte ich auch, dass ein gewisser »unterirdischer« Strom von gestrigen Ansichten herumspukte. Wer aber noch Pro-Nazi war, hielt die Gusche – entweder aus Klugheit oder aus Angst. Auch das fand ich gar begrüßenswert in einem Land, dass keine acht Jahre vor meiner »Landung« noch von Hitler und der Nazi-Ideologie beherrscht worden war.

Zwischen 1959 und 1963, als ich journalistische Forschungsarbeit über die Bundesrepublik betrieb, lernte ich die westliche Kehrseite der Geschichte kennen. Ich erfuhr, dass nahezu die gesamte herrschende Schicht in der Bundeswehr aus ehemaligen Nazi-Generälen bestand, Kriegsverbrecher darunter, die Madrid und Guernica, Rotterdam und Coventry gebombt und vom Mittelmeer bis zum hohen Norden Massenmorde begangen hatten. Ich erfuhr, dass fast das gesamte Diplomatenkorps aus Alt-Nazis bestand. Darunter waren auch einige, die fürchterliche Verbrechen mit zu verantworten hatten. Ich lernte, dass die Polizeibehörde übervoll mit einstigen Polizei-Killern besetzt war, auch SS-Männer und Gestapo-Agenten waren dort untergekommen. Ich sah, dass der BND – so etwas wie die mir vertraute CIA – von einem ehemaligen hohen Nazi-General geführt wurde. Dieser Gehlen hatte es vermocht, aus seiner Organisation mit früheren SS-Kumpanen eine Bundesbehörde zu machen. (Der Chef der entsprechenden Gegeninstitution der DDR, die Auslandsaufklärung des MfS, war der Jude Markus Wolf, ein Anti-Nazi.)

Ich fand, dass sowohl die Presse wie auch die Hochschulen in der Bundesrepublik von alten Nazis durchsetzt waren, und dass etwa eintausend Richter und Staatsanwälte aus der Hitlerzeit wieder oder noch immer in Amt waren. All zu oft mit Blut an den Händen. Vierzehn Jahre hieß einer der wichtigen Männer im Staate Hans Globke; der Jurist war mitschuldig an der Genozidpolitik gegen Juden. Heinrich Lübke, Bundespräsident von 1959 bis 1969, arbeitete als Ingenieur in einem Unternehmen, das KZ konstruierte; Lübke baute nachweislich das Lager für die Arbeitssklaven in Peenemünde, wo Wernher von Braun Raketen entwickelte, die erst in London, Jahrzehnte später auf dem Mond einschlugen.

Als manches davon im Ausland bekannt und peinlich wurde, versuchten die in Bonn Regierenden, das alles zu relativieren, indem sie ehemalige Nazis in der DDR-Spitze glaubten finden zu müssen. Da Millionen Deutsche den Nazis gefolgt waren oder selbst welche waren, mussten nach den Regeln der Wahrscheinlichkeit auch dort welche leben. Erstens waren nicht alle in den Westen geflohen, und zweitens mussten sie ja irgendwo leben. Zweierlei habe ich aber gefunden: Im Osten flogen nach 1945 so gut wie alle Nazis aus dem Bildungswesen, aus den Gerichten, aus der Polizei und natürlich aus allen Leitungsfunktionen. Ihre Karriere war, im Unterschied zu denen im Westen, definitiv zu Ende. Nach 1949 kamen kleine Mitläufer ohne Sünden in relativ unwichtige Stellen. Es gab auch eine Anzahl früherer Wehrmachtsoldatenr, auch Offiziere, die aber während der sowjetischen Kriegsgefangenschaft ihre Ansichten völlig verändert und mutig ihren Gesinnungswechsel bewiesen hatten, indem sie etwa im Nationalkomitee »Freies Deutschland« gegen die Hitlerclique kämpfen – wofür man sie im Westen als »Vaterlandsverräter« beschimpfte. Aber um wiederum zu beweisen, dass auch die DDR »ihre« Nazis hatte, waren sie willkommen. Die Wahrheit jedoch war: Belastete, die ihre Vergangenheit verschwiegen hatten und entlarvt wurden, verloren sofort ihre Posten. In der DDR war der Faschismus tabu!

In Kenntnis dieser Fakten, und angesichts meiner Herkunft, wie musste ich da entscheiden?

Da konnte es keine Frage geben!

Noch etwas aus meiner Vergangenheit spielte eine Rolle. Als Schüler lernte ich durch das Briefmarkensammeln alle Ländern der Welt kennen, auch die kleinsten Kolonien, zumindest den Namen nach. Vielleicht führte das mit dazu, dass ich als Student zum Internationalisten geworden bin. Ich verfolgte mit großem Interesse die Ereignisse in den Ländern zwischen Patagonien und

Pyongyang. Freunde an der Harvard Universiy belächelten gelegentlich meine geistige und emotionale Teilnahme an Wahlen in Italien oder Aufständen in Algerien und Madagaskar. Bei mir bildeten sich früh Prinzipien der Solidarität aus. Die Sorgen von unterdrückten Menschen auf allen Kontinenten wurden meine Sorgen, ich litt bei ihren Niederlagen und jubelte mit bei ihren Siegen. Ihnen irgendwie zu helfen oder zumindest mit ihnen zu sympathisieren, fand ich richtig und wichtig.

Das war schon während des Spanischen Bürgerkriegs so. In der DDR wurde die Spanische Republik geehrt und gefeiert, 1961, zum 25. Jahrestag, kamen Interbrigadisten aus aller Welt nach Ost-Berlin; ich arbeitete Dolmetscher für die Veteranen des Lincoln-Bataillons.

Im Zweiten Weltkrieg galten alle meine Hoffnungen und Sympathien den Armeen gegen Hitler und Japan und erst recht den Partisanen. In der DDR gab es für sie Denkmäler, Ehrungen, auch Sonderrechte, was Rente oder Reisen betraf. Der 8. Mai wurde als Tag der Befreiung begangen.

Ich merkte schnell, dass die DDR auf Seiten der Kämpfer gegen die Apartheid im Süden Afrikas stand; ihre Organisationen unterhielten in Ost-Berlin ihre Europabüros, die DDR druckte die Zeitschrift der Untergrundorganisation von Südafrika. Ich lernte manche Exilkämpfer kennen und schätzen. Die DDR unterstützte ebenfalls jene, die um ihre Befreiung kämpften, ob in Algerien, Guatemala, Nikaragua, Guinea-Bissau oder Chile. Das war Regierungspolitik.

Im Unterschied zur Bundesrepublik. Da war Nelson Mandela ein Terrorist und der ANC eine Terrororganisation. Wie eben alle Befreiungsbewegungen in der Welt als Ärgernis betrachtet wurden. Trotz verbindlichen Waffenembargos des UN-Sicherheitsrats verschiffte Mercedes Benz nach Südafrika etwa 6.000 Unimogs, Afrikas besten militärischen Kleintransporter. Die BRD-Firma Messerschmitt-Bölkow-Blohm belieferte die südafrikanische Polizei mit Hubschraubern, womit sie Proteste überwachte und Aktivisten identifizierte. An der Berliner Mauer wurde geschossen, für die Toten gab es Kreuze. Schüsse gegen die Anti-Apartheidkämpfer um Johannesburg kamen aus gepanzerten Wagen mit Motoren aus Bayern oder Baden. Ob diese weitaus zahlreicheren Opfer nicht auch Kreuze verdienen?

Bundesminister Franz Josef Strauß bekam einen Orden von seinem Freund, dem Faschisten Franco, während westdeutsche Interbrigadisten schändlich diskriminiert und die Veteranen von Hitlers Legion »Condor« hohe Stellen besetzten oder dicke Pensionen bezogen. »Condor«, das nur nebenbei, heißt noch heute ein Ferienflieger, der bis vor wenigen Jahren zur Hälfte dem de-facto-Staatskonzern Deutsche Lufthansa gehörte. Und gewiss hat der Name überhaupt und rein gar nichts mit dem Nazi-Bombergeschwader zu tun. Doch man hätte ja auch einen anderen Namen wählen können als diesen. Da war man, zum Beispiel, bei der Tilgung angeblich belasteter Personennamen nach 1990 in Ostdeutschland wesentlich rigider und konsequenter.

Als Jugendlicher bewunderte ich im Museum of Modern Art in New York Picassos großes Gemälde über die Zerstörung des wehrlosen baskischen Ortes Guernica (1981 kehrte es nach Madrid zurück.) Heinz Trettner,

Generalinspektor der Bundeswehr, gehörte zu jenen deutschen Bomberpiloten, die Guernica 1937 zerstört hatten.

Während die DDR die Vietnamesen im Kampf um seine Befreiung und gegen die USA, die das Land in die Steinzeit zurückbomben wollte, auf vielfältige Weise unterstützte, half die offizielle BRD den USA und ihren Marionetten in Saigon, ideell wie materiell.

Denkt man an Chile in September 1973, an die Verhaftungen, das Foltern, das Verschwinden und das Vertreiben von so vielen Tausenden, muss man traurig und zugleich wütend sein. Menschen in aller Welt, auch in Deutschland Ost und West, protestierten gegen den Putsch der Pinochet-Faschisten, während in Bonn applaudiert wurde. Nach einem Besuch in Chile, wo ihm die Ehrendoktorwürde zuteil wurde, erklärte Franz Josef Strauss, der Parteivorsitzende der bayerischen Christlich-Sozialen: »Angesichts des Chaos, das in Chile geherrscht hat, erhält das Wort Ordnung für die Chilenen plötzlich wieder einen süßen Klang.« Das sagte er, als Pinochet gleichsam als Regierungsprogramm erklärt hatte: »Die Demokratie muss gelegentlich in Blut gebadet werden, damit sie fortbestehen kann.« Das Blutbad meinte er wörtlich: Unmittelbar nach dem Putsch wurden 3.200 Menschen hingerichtet oder verschwanden spurlos. Weitere 28.000 wurden verhaftet und gefoltert. Schon am Tag des Putsches rechtfertigten die Generäle ihr Vorgehen damit, dass sie Chile »vom marxistischen Joch« befreien wollten.

»Die Regierung Allende hat das Ende gefunden, das sie verdiente«, verlautbarte die chilenische Tochtergesellschaft der Farbwerke Hoechst AG am 6. Dezember 1973. »Chile wird in Zukunft ein für Hoechster Produkte zunehmend interessanter Markt sein.«

Und Bruno Heck, Generalsekretär der CDU, schilderte in der *Süddeutschen Zeitung* die Situation in Chile: »Soweit wir Einblick bekommen haben, bemüht sich die Militärregierung in optimalem Umfang um die Gefangenen. Die Verhafteten, die wir sprachen, haben sich nicht beklagt.« Das Leben im Stadion, in welchem man Verhaftete internierte, »ist bei sonnigem Wetter recht angenehm.« Auch für den Sänger Victor Jara, den man wie viele andere zu Tode folterte?

Überall das gleiche: Bonn stützte Apartheid, die Kolonialmächte und die Pinochets.

Wie hätte ich das alles schlucken, also akzeptieren können? Unmöglich!

Ein dritter Grund, weshalb ich trotz aller berechtigter Kritik die DDR unterstützte, war sozialer Natur. Manches merkte ich schon 1952/53, als ich sechs Monate als ungelernter Transportarbeiter in einem Waggonbaubetrieb arbeitete. Ich hatte einst in zwei Betrieben in Buffalo einen Stundenlohn von etwas mehr als einem Dollar erhalten. Zwar arbeitete man in der DDR zu jener Zeit auch am Sonnabend – in Buffalo nur dann, wenn es der Meister drohend »anregte«. Doch anders als in Buffalo gab es für jeden Arbeiter ein spottbilliges, warmes Mittagsessen, es gab eine Kantine für die Pausen (in Buffalo nicht einmal Eßtische). In »meinem« USA-Betrieb bekam man zwei Wochen Urlaub erst nach drei Jahren, wobei die Ansprüche nicht übertrag- und einklagbar waren: Sie gingen verloren, wenn man den Job vor Ablauf dieser drei Jahre verlor, was mir auch widerfuhr. Ganz anders als in den USA fürchtete kein Arbeiter in dem VEB, dass man ihn feuern würde. Und selbst wenn: Überall wurden Arbeitskräfte gesucht, Stellen gab es mehr als genug. Diese Gefühl von absoluter Sicherheit schien zumindest mir sehr wichtig. Vielleicht war es das überhaupt wichtigste Moment des Lebens hier.

Später lernte ich das Gesundheitsystem schätzen, etwa als meine Frau unsere zwei Söhne zur Welt brachte und alles, von den vorherigen Gymnastikübungen und Untersuchungen bis zum Krankenwagen bzw. Taxi, voll bezahlt wurde. Ich lag neun Wochen im Krankenhaus mit Hepatitis und bekam danach zwei vierwöchige Kuren. Alles wurde bezahlt, auch neunzig Prozent meines Lohns. Ich und meine beiden Söhne besuchten Hochschulen umsonst und bezogen Stipendien. Kinderkrippen, Kindergärten, die Ferienlager und unsere Urlaube, insoweit wir Gewerkschaftsheime besuchten, waren so gut wie unengeltlich. Und die Kultur, von Büchern bis zu Opernkarten, alles wurde so billig gehalten wie die Mieten, das Fahrgeld und die meisten Nahrungsmitteln.

Schon als ich 1952 ankam, überraschte mich, dass die von mir erwarteten Zeichen der Unterernährung und schlechten Bekleidung – wie sie von den Medien in den USA vermeldet wurden – nirgendwo zu sehen waren. Knapp war vieles, gewiss, ich musste lange nach einem Waschlappen suchen und alte Rasierklingen wieder schärfen lassen, weil es an neuen mangelte. Doch hungrige und zerlumpte Gestalten, gar Bettler, sah ich nicht.

Ich staunte übrigens auch, dass die Kirchen zum Beten und für alle offen standen.

Ich erlebte, wie es die DDR allmählich vermochte, eine Gesellschaft aufzubauen, die den uralten Fluch der Armut fast völlig verbannte. Nirgendwo saß einer mit dem Hut auf dem Bürgersteig oder dudelte sich bettelnd durch die S-Bahn-Wagen. In New York ging es meiner Familie selten gut, aber wir lebten. Jedoch: Die alltägliche Sicherheit hier, die fehlende Angst vor dem morgigen Tag erschienen mir wertvoller als die schnellsten Autos, die modernsten Haushaltsgeräte, die modischsten Anzüge.

Später wurde bekannt, wie sehr einige von jenen täglichen Vorteilen die nicht gerade opulente Wirtschaft belasteten, und vielleicht am Ende überforderten. Auch wenn ich mich bisweilen fragte, ob man an dieser Subventionspolitik allein deshalb festhielt, weil man Reaktionen der Bevölkerung bei Kürzungen fürchtete, nahm mich selbst dieser Umstand für die DDR ein. Dort, wo ich herkam, war den Regierenden völlig egal, was das Volk wünschte oder dachte. Sie waren eher taub gegen Unglück und Not, und sie konnten es auch sein, denn sie mussten nichts fürchten: keinen Aufstand im Innern und keinen starken Nachbarn, der darauf wartete, das Land zu übernehmen.

Solche humanen Leistungen der DDR waren es – gelungener als anderswo, glaube ich, westlich oder östlich, und beibehalten bis zum bitteren Ende –, die einen gewichtigen Grund lieferten, weshalb ich bei einer Wahl dieses Land anderen vorzog.

Und da war noch dieser Friedenswille

Je mehr ich über die Geschichte Deutschlands und Europas lernte, desto klarer wurde mir, *wo* die Hauptschuld am ungeheuren Elend des Jahrhunderts lag. Im Ersten Weltkrieg starben Unzählige im Schlamm vor Verdun und bei Gasangriffen bei Ypern, Frauen, Mütter, Bräute, ganze Familien trauerten. Auch mein Vater musste als Soldat in Frankreich kämpfen. Er hatte Glück. Auf der Gegenseite kämpfte der Bruder meines Schwiegervaters. Er hatte kein Glück.

Den abgrundtiefen Horror des Zweiten Weltkriegs verfolgte ich als Schüler mit höchster Spannung. Neben Millionen Juden, darunter bestimmt unbekannte Verwandte meiner Familie, starben mehr als 20 Millionen Sowjetbürger, einen Großteil der Roma und Sinti, Millionen Polen, Jugoslawen, Chinesen – und mehr als 400.000 US-Soldaten.

Auf der deutschen Seite kämpfte und überlebte der Vater meiner Frau, es starben jedoch drei ihrer Onkel.

Auch mein Bruder überlebte, obwohl seine Konvois oft aus der Luft angegriffen wurden. Mein Cousin Jerry überlebte nicht; als kriegsgefangener Jude wurde er von den Nazis grauenvoll in den Tod getrieben.

Bei einem Besuch in Europa 1947 sah ich die Zerstörungen. Nicht gerechnet die Wohnhäuser: Unzählige herrliche altertümliche Gebäude und Paläste, Kirchen und Schlösser waren vernichtet worden. Zuerst war die Kultur in Madrid und Guernica vernichtet worden, dann zog die Barabarei nach Warschau, Rotterdam, Coventry,

Stalingrad, Leningrad weiter. Am Ende gab es überall auf dem Kontinent Ruinen ...

Lag 1914 die Schuld beim deutschen Kaisern Wilhelm II. oder bei Franz-Joseph von Österreich-Ungarn? Oder beim russischen Zaren? Lag sie 1939 allein bei Hitler, Göring, Himmler und den anderen rassistisch motivierten Mordbuben? Ich glaube nicht. Hinter ihnen standen Unternehmen, die seit Generationen gekrönte und hakenbekreuzte Führer finanzierten und antrieben, ihnen die Welt zu erobern. Der Platz an der Sonne und Volk ohne Raum? Es ging nicht um Kolonien und Äcker im Osten, sondern immer nur um Rohstoffe und Absatzmärkte, um Produktionskapazitäten und Arbeitssklaven, kurz: Es ging allein um Profit.

Dem Blutrausch der marschierenden Truppen und der SS-Männer folgten rauschende Nächte in den Konzernzentralen, die Namen trugen wie Siemens, Thyssen, Flick, Krupp, Mannesmann, Bayer, BASF und Hoechst, vereint als I.G.Farben, Deutsche Bank, Dresdener Bank, Allianz ... Es profitierte die Uniformschneider ebenso wie die Giftgasproduzenten, die sowohl im Ersten wie im Zweiten Weltkrieg Kasse machten.

Die Konzerne auf der anderen Seite verhielten sich kaum anders, und manche verdienten gar auf beiden Seiten der Front. Krupps Kanonen schossen auf französische Siedlungen wie auf deutsche Angreifer. Das Kapital, auch wenn es sich nationalistisch gerierte, handelte meinst international. Nur manchmal, wenn die Konkurrenz fürchtete, von den anderen überfahren zu werden, handelte man gemeinsam. Die Antihitlerkoalition kam nicht aus politischer Überzeugung zustande, sondern weil Nazideutschland zu mächtig wurde und die ganze Welt bedrohte. Das erklärte, weshalb vor 1939 kein Pakt zwischen der Sowjetunion, Großbritannien, Frankreich und den USA zustande kam, warum die zweite Front erst 1944 eröffnet wurde und warum unmittelbar nach Kriegsende Churchill mit Blick auf die Sowjetunion meinte, man habe wohl das falsche Schwein geschlachtet. Und schon blies man zum Kalten Krieg gegen das »richtige Schwein«.

Die meisten Kriegsverbrecher aus den Konzernzentralen waren gen Westen geflohen, nur ihre Werke und Güter blieben in Ostdeutschland zurück. Sie wurden nach Volksentscheid enteignet und zu Volkseigentum, das Land wurde in einer demokratischen Bodenreform, die seit 500 Jahren in Deutschland anstand, an jene übergeben, die es bebauten.

Damit wurde, ganz nebenbei, auch die ökonomische Basis für Krieg und Aggression zerstört. An die Stelle von Völkerhass und Nationalismus traten Völkerfreundschaft und Verständigung. Es gab weder »Erbfeinde« noch Gelüste auf fremde Territorien.

Das war für mich ein weiterer Grund, die DDR zu schätzen!

Aber warum hasste man diese DDR im Westen?

Als Rechtfertigung für die überwältigende Antipathie und die Anstrengungen im Kalten Krieg, dieser DDR das Lebenslicht auszublasen, heißt es heute (stärker im Übrigen als zu deren Lebzeiten), dass es an Demokratie gefehlt habe und die Menschenrechte nicht die notwendige Aufmerksamkeit erfahren hätten.

Weitaus größere Mängel dieser Art wurden seinerzeit ignoriert beim Blutsbruder Franco in Spanien, bei Syngman Rhee in Südkorea, bei Ngo Dhin Diem in Südvietnam, bei Verwoerd in Südafrika, bei Pinochet in Chile oder beim Schah von Persien. Das offenbarte die ganze Heuchelei.

Nein, um Menschenrechte und Demokratie ging es in Wahrheit nie. Sie hassten die DDR, weil sie das Eigentum der Flicks und Krupps angetastet hatte. Weil sie die Gesellschaft nach anderen Prinzipien gestaltete und sich Gesetze gab, auf die sie im Westen reagieren mussten. Bei den Tarifverhandlungen, so sagten Gewerkschaftsfunktionäre im Westen, saß unsichtbar immer ein dritter Partner mit am Tisch. Seit 1990 sitzt er nicht mehr dabei. Und darum kann die Arbeitgeberseite seither sich durchsetzen. Seit Herstellung der deutschen Einheit findet ein Sozialabbau statt, wie er zuvor unmöglich war, begleitet von einer gigantischen Umverteilung des Volksvermögens. Die Reichen werden immer reicher, die Armen immer ärmer seit jenem Dammbruch anno 1990.

Und auch die NATO steht im Osten an der russischen Grenze, sie strömte dorthin, weil es keinen Warschauer

Pakt mit der DDR an dessen Westgrenze mehr gibt. Auch das ein Grund, weshalb dieser ostdeutsche Staat wegmusste. Alles andere, die vorgeschobenen Begründungen, sind reine Zweckpropaganda.

Gewiss erlebte ich in der DDR manche Enttäuschung, die bis zur Verzweiflung reichte. So viele Dummheiten! So viele unnötige Ungerechtigkeiten, so viel Härte, auch so viel Langweiliges, zuweilen Spießbürgerliches. Ich sah das und merkte in den letzten Jahren, wie Unmut und Unzufriedenheit berechtigt zunahmen. Traurig und betroffen versuchte ich, die Widersprüche für mich selbst zu bewältigen. Aber wegen dieser Argumente für diesen Staat und aufgrund meiner Herkunft, meinen Erlebnissen, Erfahrungen und Erkenntnissen im reichen, bewunderten Amerika schwamm ich gegen den Strom. Ich bat Menschen, mit denen oder zu denen ich sprach, weiter zu kritisieren – ja, das tat ich auch –, aber forderte sie zugleich auf, über das oft Ärgerliche im Alltag zwar nicht hinweg, aber hinaus zu schauen.

Sie sollten, bei allem Zorn, auch einmal in die Welt, also über den deutschen Tellerrand, blicken. Und selbst wenn mir dabei mitunter höhnisches Gelächter entgegenschlug (»Ja, wir würden gern selbst schauen, aber man lässt uns ja nicht!«), wurde ich nicht müde zu erklären, dass Völker in Afrika, Asien und Lateinamerika anerkennend auf diese Staat schauten. Er war aus Kriegsruinen auferstanden und manchem Staat inzwischen zum Vorbild geworden. Ja, ohne die DDR wären selbst die Arbeiter in der Bundesrepublik weitaus schwächer und würde es ihnen nicht so gut gehen, wie es ihnen allein durch Existenz der DDR derzeit gehe. Zudem sollte man nicht ignorieren, dass es in der Bundesrepublik nicht nur flotte Autos, moderne Haushaltsgeräte und Obst aus aller Welt zu kaufen gibt, sondern dass es auch einen Mangel an Demokratie am Arbeitsplatz gebe, Existenzsorgen, Zukunftsängste, Kriegsgefahr.

Solche Mahnungen erzielten offenkundig wenig Wirkung. Den lauten, offiziellen Stimmen, die gelegentlich Ähnliches artikulierten, wenn auch immer seltener, wurde nicht geglaubt, die Ostdeutschen hörten mehrheitlich nicht mehr zu. Und als ich gar versuchte, vor allzu großen Umkehrungen zu warnen, merkte ich, wie die Augen zunehmend glasig und die Blicke ablehnend wurden. Den schönen Illusionen sollte nicht widersprochen werden.

Die Entfremdung so vieler Menschen, aus einer Vielzahl von Gründen, erklärte ihre Bereitschaft, gegen die DDR zu demonstrieren und damit gegen sich selbst zu stimmen. Spielte aber nicht dabei das tägliche, geschickte Hämmern aus den Ätherwellen, das Bieten des Modischeren, Luxuriöseren, scheinbar Schöneren eine Rolle, ob es nun um Autos oder Schuhe ging, um Zigaretten oder Musik, ja sogar um die Fremdsprache? Was war denn Russisch gegen Englisch?

Es war, denke ich, nicht Paranoia, wenn ich dahinter die Wut und den Hunger der westlichen Wirtschaftskönige stark zu riechen meinte. Sie benutzten jedes Mittel zur Verschleierung ihrer Absichten, während die führenden Männer der DDR es nicht vermochten, wohl nicht verstanden hatten, die Mehrheit der Ostdeutschen vom aggressiven Appetit des Westens zu überzeugen oder sie zumindest gegen deren Propaganda und dem Wühlen ihrer Geheimdienste immun zu machen. Leicht war und ist das nie, die Demagogie erkennbar zu machen. Selbst als Bomben auf Bagdad fielen und Menschen dort starben, trugen weltweit Jugendliche stolz T-Shirts mit dem US-Sternenbanner.

Krieg kehrte nicht nur als Mittel der Politik wieder zurück. Er gehört seither auch wieder zum Alltag. Irgendwo auf der Welt wird heute immer geschossen. Und deutsche Soldaten sind wieder dabei. Auf dem Balkan verlor zum Ende des Jahrhunderts die Bundesrepublik ihre vermeintliche Unschuld. Und seit Jahren verteidigen sie angeblich unser Land am Hindukusch wie am Horn von Afrika, während die Feldpostbriefe heimlich gelesen und die Gefallenen zu Grabe getragen werden.

Das große Land, in Europa zentral gelegen, spielte seit eh und je eine Schlüsselrolle. Mal positiv, leider viel zu oft negativ. Als ich in alten Büchern blätterte, fand ich ein bezeichnendes Beispiel. Bei einem geheimen Treffen von Adolf Hitler und dem britischen Konservativen Lord Halifax am 19. November 1937 erklärte der britische Politiker, dass er »und andere Mitglieder der englischen Regierung davon durchdrungen (wären), dass der Führer nicht nur in Deutschland selbst Großes geleistet habe, sondern dass er auch durch die Vernichtung des Kommunismus im eigenen Lande diesen den Weg nach Westeuropa versperrt habe und dass daher mit Recht Deutschland als Bollwerk des Westens gegen den Bolschewismus angesehen werden könne.«

Diesem Bollwerk gaben England und Frankreich nicht erst in München grünes Licht, Europa zu dominieren, indem man die Tschechoslowakei verriet in der irrigen Annahme, dass sich Nazideutschland ausschließlich nach Osten wende und sich dort bediente. Und ganz nebenbei, wie von Hitler angekündigt, den Bolschewismus und die Sowjetunion beseitigte, woran man selbst in den Interventionskriegen 1920/21 gescheitert war. Man wollte, irgendnwie und irgendwann, die Ölfelder bei Baku und die Erz- und Kohlengruben im Donbass, die ukrainische Kornkammer und die sibirischen Wälder wieder zurückhaben, um sie in den globalen kapitalistischen Mark zu integrieren.

Nach 1945 war nur der westliche Teil Deutschlands im Griff der Westmächte, und man baute ihn neuerlich zum Bollwerk gegen den Bolschewismus auf.

Doch als dieser Staat Ende der 80er Jahre sich anschickte, neuerlich zum Sprung gen Osten anzusetzen, wurde man zumindest in Paris und London hellhörig. Englands Premier Margret Thatcher und Frankreichs Präsident Mitterrand (»Ich liebe Deutschland so sehr, dass ich am liebsten zwei davon hätte«) fürchteten mit Recht ein vergrößertes (West-)Deutschland als gestärkten Konkurrenten. Nicht nur die Kräfte, die bisher durch den Konflikt mit der DDR gebunden waren (die ich bereits erwähnte), würden dadurch frei werden und sich gegen sie selbst kehren.

Auch die geografische Ausdehnung, der Zuwachs an Produktionskapazität und Konsumenten würde diese vereinte BRD zur stärksten Macht auf dem Kontinent werden lassen. Soweit ging die Freundschaft nicht, dem Konkurrenten dabei zu unterstützen. Erst auf Druck der USA, konkret des Präsidenten George Bush, gaben Thatcher und Mitterrand klein bei und nach. Washington war gleichsam der lachende, weil profitierende Dritte: Während sich die Europäer nun in den Haaren lagen und sich selbst blockierten, konnte man nach dem Untergang des Ostblocks als »letzte Supermacht« seine Kreise ziehen und seine Hegemonie unter dem Banner der Globalisierung als »westliche Führungsmacht« durchsetzen.

Dieser Traum scheint sich bei Lage der Dinge nicht realisieren zu lassen. China ist auf die Weltbühne getreten und rauscht in New York Yuan gegen Dollar.

Die westliche Welt, insonderheit das deutsche Feuilleton, ist empört und entrüstet. Und plärrt nach Demokratie und Einhaltung der Menschenrecht in der »größten Diktatur der Welt«.

Menschenrecht gilt überall

Expansion ist heute das Schlüsselwort, oder das, was zum Teil synonym ist, die Globalisierung. Seit der bejubelten »friedlichen Revolution« lese ich überall Aushängeschilder von Banken und Versicherungfirmen, die ich immer noch nicht lieben kann. Beim Zahnarzt schmerzt immer noch der Name »Siemens« auf den Geräten fast mehr noch als das Bohren; ich kenne eine, die im Lager Ravensbrück als Sklavin für Siemens schuftete. Jedesmal, wenn ich die Rolltreppe in der S-Bahn benutze, sehe ich das polierte Krupp-Thyssen-Logo. Seit 1990 verhindert nicht mehr die Elbe das Ausbreiten solcher Firmenschilder, nicht einmal an der Oder kommt die Expansion zum Halten. Der Vormarsch ist ungleich erfolgreicher als der seinerzeit die Panzer aus dem gleichen Hause.

Vielleicht liegt es am funktionierenden Langzeitgedächtnis bei uns Alten. Lese ich »Krupp«, denke ich immer noch an 280.000 Zwangsarbeiter und KZ-Häftlinge, die in 81 Krupp-Werken schufteten. Mindestens 70.000 davon ließen wegen der unbeschreiblich brutalen Behandlung ihr Leben. Wohl um Transportkosten zu sparen, richtete Krupp ein Arbeitslager direkt neben dem KZ Ausschwitz ein; gegen Kriegsende senkte man dort das Mindestarbeitsalter von siebzehn auf zwölf Jahre.

Wenn ich den »Thyssen« lese, erinnere ich mich an den 24. März 1945. Bei Rechnitz in Österreich, die Rote Armee war nicht mehr allzu weit entfernt, veranstaltete Margareta von Batthyány, Heinrich Thyssens Tochter, ein Schlossfest. Man holte dazu etwa 180 ungarische Juden. Sie waren zu krank und zu erschöpft, um weiter an Hitlers Südostwall zu schuften. Man reichte fünfzehn älteren Gästen Waffen und lud sie ein, ein paar Juden zu erschießen. »Man zwang die Juden, sich nackt auszuziehen, bevor sie von betrunkenen Gästen des Fests ermordet wurden, die dann ins Schloss zurückkehrten, um bis zum frühen Morgen weiter zu trinken und tanzen.«

Die Batthyány konnte in die Schweiz flüchten und sich fortan der Zucht von Rennpferden widmen. Ihr Bruder Hans Heinrich Thyssen-Bornemisza wurde ein berühmter Kunstsammler. Ein Verfahren über das Fest brachte wenige Ergebnisse, zumal zwei der aussagewilligen Zeugen ermordet worden waren.

Alle diese Herrschaften sind tot. Dennoch geben mir jedesmal die beiden Namen, wenn ich sie lese, einen kleinen Stich in der Herzregion. Ich frage mich dann: Wohin kann uns diese Rolltreppe noch führen? Wie ich weiß, bauen Krupp und Thyssen, die natürlich heute anders firmieren oder wie man heute sagt: aufgestellt sind, nicht nur Rolltreppen.

Begegebenheiten wie diese lieferten Gründe, weshalb ich die DDR bis zum bitteren Ende verteidigte und mich heute über die täglichen Bosheiten und Dummheiten, die über das untergegangene Land verbreitet werden, unverändert ärgere.

Aber sie können noch so laut tröten und plärren, das Bild der DDR in immer schwärzeren Farben zeichnen. Dadurch werden die andauernden Verbrechen des Imperialismus nicht in hellem Licht erstrahlen. Die Menschenrechte sind nämlich unteilbar.

Es geht nicht um Menschenrecht, sondern um Macht

Einen Augenblick noch, ruft mein Gewissen. Schließlich darf ich Fakten weder ignorieren noch sträflich vereinfachen. Trotz der von mir genannten Gründe der Vorwurf im Raum, dass die DDR repressiv und höchst undemokratisch gewesen sei, sie war erklärtermaßen »eine Diktatur« und, so tönt der bürgerliche Rechtsstaat, »ein Unrechtsstaat«.

Zwischen dem einen und dem anderen gab es damals eine dritte Möglichkeit, die viele Menschen in der DDR wählten: die Nische fernab der Politik, in der man sich zurückzog, um sich aus allem rauszuhalten.

Warum machte ich das nicht auch? Und verweigerte dem Politbüro die weitere Gefolgschaft?

Ich leugne es nicht: Die meisten dort mochte ich nicht besonders. Einige hatte ich gelegentlich persönlich gesehen, ich kannte ihre Reden und sah die Auftritte im Fernsehen. Manches Mal trieben sie mich zur Verzweiflung, und ich versagte ihnen am 1. Mai beim Vorbeizug an der Tribüne mein Hurra.

Dennoch, wie es der Teufel so will, gab es auch hierzu konträre Überlegungen. Ich wusste, dass viele von ihnen tapfer gegen die Nazis gekämpft hatten. Honecker saß zehn Jahre im Zuchthaus, Sindermann war im Lager, Axen hatte Ausschwitz und Buchenwald überlebt. Heinz Hoffmann und Alfred Neumann waren in Spanien, wo Hoffmann verwundet wurde. Sowohl der erste wie der zweite Minister für Staatssicherheit, Wilhelm Zaisser und Ernst Wollweber, waren Kämpfer im Spanienkrieg,

Zaisser als beliebter »General Goméz« der XIII. Internationalen Brigade mit Vertretern von 21 Nationen. Und auch der dritte Staatssicherheistminister, Erich Mielke, hatte in Spanien den Faschisten die Stirn geboten. Selbst wenn manches zu seinen Gunsten später geschönt worden sein sollte: Auf der Seite der Francofaschisten jedenfalls hatte er nie gestanden.

Der Gewerkschaftschef Herbert Warnke arbeitete gegen die Nazis von Schweden aus und Albert Norden aus den USA. Kurt Hager war 1933 an der Störung der ersten Rundfunkrede Adolf Hitlers beteiligt und baute im Spanien den Deutschen Freiheitssender mit auf.

Aktive Gegner von Hitler verehrte ich immer, vor allem Spanienkämpfer. Und immer hatte ich vor Augen den Kontrast mit westdeutschen Typen wie dem mordenden Bandenführer und späteren Minister Oberländer, dem Staatssekretär Friedrich Karl Vialon, der das Gold, die Musikinstrumente, die Bekleidung der in Riga getöteten Juden fein registrierte, oder dem in Bonn fast allmächtigen Dr. Globke, der das tödliche »J« in den Pässen der von ihm mit »Sara« oder »Israel« diskriminierten Juden mitverantwortete.

Da waren die Fronten klar geschieden. Die Gegner meiner Feinde waren objektiv meine Freunde.

Aber genau dort lag mein Problem.

Diese meine Genossen wussten wie ich von den Verbrechen in der Stalin-Zeit, und viele von ihnen waren selbst Opfer der Repressionen geworden. Das hatte sie hart werden lassen, verhärtet, wie mir schien. Diese grausamen Jahre waren nicht spurlos geblieben, ich würde aber nicht soweit gehen zu sagen: Diese Herrschaftspraxis habe sie angesteckt, sie geprägt, insbesondere dann, wenn sie das Exil in der Sowjetunion verbrachten. Ich tröste mich mit Brecht, der sich »An die Nachgeborenen« wandte und sensibel um Verständnis warb:

Ihr, die ihr auftauchen werdet aus der Flut
In der wir untergegangen sind
Gedenkt
Wenn ihr von unseren Schwächen sprecht
Auch der finsteren Zeit
Der ihr entronnen seid.
Gingen wir doch,
öfter als die Schuhe die Länder wechselnd
Durch die Kriege der Klassen, verzweifelt.
Wenn da nur Unrecht war und keine Empörung.
Dabei wissen wir doch:
Auch der Hass gegen die Niedrigkeit
Verzerrt die Züge.
Auch der Zorn über das Unrecht
Macht die Stimme heiser. Ach, wir
Die wir den Boden bereiten wollten für Freundlichkeit
Konnten selber nicht freundlich sein.
Ihr aber, wenn es so weit sein wird
Dass der Mensch dem Menschen ein Helfer ist
Gedenkt unser
Mit Nachsicht.

Die bitteren Kampfjahre machten gewiss jene Teilnehmer kompromisslos bezüglich jeder Schwankung und Schwäche, jede angedeutete Tendenz, die gegen die Hauptrichtung Sozialismus zu führen schien, gegen kleinste Ritze, die den Weg für die alten Feinde öffnen könnte, die nun mit ihrem größeren, reicheren und stärkeren Landesteil ständig drohten. Das schien wie ein Fluch, gewissermaßen war er das auch, und oft ungeheuer schädlich, denn das führte dazu, dass die klügste, bestgemeinte und nötigste Kritik ignoriert, schlimmer noch: als Angriff verstanden wurde. Man brachte vorsichtshalber lieber die Kritiker zum Schweigen, als dass man das Kritisierte behob.

Gleichzeitig musste ich mir eingestehen: Die Furcht war keinesfalls grundlos, tatsächlich bestand diese Bedrohung, am Ende ja obsiegte. Hätte man aber wirklich ein Chance gehabt, den Angriffen erfolgreich zu trotzen? Wenn, dann doch allenfalls im Bunde mit den Verbündeten, allen voran die Sowjetunion.

Die Geschichte zeigte, dass der imperialistische Gegner keine Gnade kannte und jeden Fehler, jede Schwäche gnadenlos ausnutzte. Das provozierte Vorsicht, die aber irgendwann jedes Maß verlor und sich ins Gegenteil verkehrte.

Mit der Zeit unterstellte ich, dass es nicht immer die klügsten und fähigsten Denker und Politiker waren, die uns regierten. So viele Kommunisten, oft die Besten, waren in Spanien oder im Krieg gefallen oder verloren ihr Leben in Lagern, in Nazilagern oder denen des NKWD. Unter jenen, die überlebt hatten, waren gewiss auch gute Leute, ich bewunderte etwa Wilhelm Pieck und Otto Grotewohl, den ehemaligen Sozialdemokraten. Doch viele fehlten. Ich war so vermessen, mir öfter ein paar bessere Genossen ins Politbüro zu wünschen als jene, die dort saßen.

Dazu passt ein Vergleich mit dem Alltag. Bei Pflaumenkuchen und offenen Fenstern kreisen bald die Wespen. Die Macht hat ja auch etwas mit einem Kuchen zu tun (oder mit einem Fleischtopf, an den viele ran wollen). Bald kreisen welche, die weder für den Sozialismus noch für die schwer arbeitenden Bürger ein besonderes Gefühl besaßen, wohl aber fürs eigene Fortkommen und Wohlbefinden. Ja, auch der Sozialismus hatte seine Karrieristen und Opportunisten, die wussten, wie sie wem und womit schmeicheln mussten, um aufzusteigen und voranzukommen. Und nicht wenige der führenden Genossen waren empfänglich für Schmeicheleien, der Honig schmeckte gut, den man ihnen um den Mund schmierte.

Der Opportunismus ging jedoch nicht nur nach oben, sondern auch nach unten. Auch jede ehrlich gemeinte Kritik an schlechten Führungsmethoden, verfehlten Plänen oder Missachtung der Wünsche der Bevölkerung wurde entweder als vom Feind inspiriert denunziert oder als Vorlage für den Feind diskreditiert. Da die westdeutschen Journalisten in der Tat selbst jede vorsichtige Kritik, die sie in der DDR aufschnappten, an DDR-Zuschauern und Zuhörern in der eigenen Sprache zurücksendeten, clever verpackt und übertrieben, fanden die Karrieristen ihre »Warnungen« bestätigt und ihr Handeln begründet.

Einmal, es war in den 60er, 70er Jahren, saß ich auf dem Podium eines Forums in Ost-Berlin. Ich entdeckte in der sechsten Reihe einen kleinen Mann mit einem großen Aufnahmegeräte auf dem Schoß. Ich fragte meinen Nachbarn, wer das sein könne, nach meiner Kenntnis operierte das MfS nicht derart auffällig. Das sei einer vom RIAS, sagte er. »Morgen können Sie bestimmt Ihre

Stimme hören.« In der Tat sendete mich anderentags der »Rundfunk im amerikanischen Sektor«, der am Tropf der CIA hing und gegen die DDR arbeitete. Allerdings nur jene fünf oder sechs kritischen Sätze und ohne den Kontext, in welchen ich sie gestellt hatte. Die Folge: Man bat mich nicht wieder aufs Podium. Vermutlich um den Klassenfeind keine Munition liefern zu können.

Die Distanz zwischen der Bevölkerung und den führenden Männern wurde nach meinem Eindruck immer größer. Man entrückte dem irdischen Dasein, man isolierte sich selbst und wurde so leicht Opfer der eigenen Propaganda.

Für mich war das eine tragische Entwicklung.

Wäre das alles anders verlaufen, wenn »echte« Demokratie geherrscht hätte? Und »echte« Pressefreiheit?

Ich sage »Jein«.

Ich dachte an Chile. An den gütigen, beliebten Arzt Salvador Allende, der auf demokratische Weise gewählt und von der Mehrheit des Volkes an die Spitze des Staates gestellt wurde. Er hat die Menschenrechte respektiert, ließ die gegnerischen Parteien so uneingeschränkt operieren wie die ihm feindliche Presse. Er und die Unidad Popular konzentrierten ihre ganze Kraft ausschließlich auf die Verbesserung des Lebens der Chilenen, zum Beispiel bekam jedes Kind täglich Milch. Was für ein Fortschritt im Hinterhof der USA.

Doch schon lange vorher und erst recht nach der Nationalisierung der Kupferminen und von Teilen der Infrastruktur, deren Eigentümer in den USA saßen, wurde gegen die demokratisch legitimierte Regierung emsig konspiriert. Gegnerische Generäle und Admirale, viele davon in den USA ausgebildet, wurden (falls nötig) gekauft, verheerende »Streiks« der LKW-Firmen subventioniert, Einzelhändler angeregt, ihre Waren zu horten, und ein Großteil der »oppositionellen« Presse mobilisiert. Der Putsch am 11. September 1973 war von dem Geheimdiensten der USA vorbereitet und mit Hilfe von Kollaborateuren realisiert worden.

Spätestens da wurde mir bewusst, dass es – Demokratie hin, Menschenrechte her – immer nur um eines geht: um die Macht! Und Macht heißt Kontrolle über die Wirtschaft, über den Markt, die Produktionsmittel, den Profit und dessen Verteiligung bzw. Aneignung.

1970 hatte Henry Kissinger als Chef des Nationalen Sicherheitsrates der USA nach der Wahl von Allende erklärt: »Ich kann nicht einsehen, warum wir ein Land den marxistischen Weg gehen lassen sollen, nur weil seine Menschen verantwortungslos handeln.«

Das war doch eine klare Ansage, was er von einem demokratischen Mehrheitsvotum und damit von Demokratie, Menschenrecht und Menschenwürde insgesamt hielt: nämlich nichts.

Man musste (und muss) nur die westliche Presse durchblättern, um zu merken, wie oft dort die Forderung nach Demokratie mit »freier Marktwirtschaft« – eine Umschreibung von Kapitalismus – verkoppelt ist. Es soll der Eindruck vermittelt werden, als ob die beiden zusammen gehören wie Dotter und Eiweiß.

Diese Paarung ist jedoch ein sehr faules Ei, vielleicht das faulste überhaupt. Denn es gab und gibt viele Länder, welche die »freie Marktwirtschaft« in Reinkultur pflegen, aber keine Spur von Demokratie zu finden ist. Sofort fallen wieder Chile unter Pinochet ein, Spanien unter Franco und Saudi Arabien, seitdem die Scheichs ihr reaktionäres Erdölsultanat gründeten. Und umgekehrt, dort wo eine »echte« Demokratie zaghaft begann, die ungerechtesten Formen der Marktwirtschaft abzumildern oder gar zu überwinden, setzte das Winseln über mangelnde Demokratie ein. In Ländern wie Guatemala, Nicaragua, Chile, in Mozambique oder Kongo, erst recht in Vietnam, blieb es nicht beim Winseln. Heute trifft das auf Venezuela, Bolivien und Ekuador zu, die trotz freier, demokratischer Wahlen denunziert udn attackiert werden. Und man beschränkt sich nicht auf Fernsehkommentare und Zeitungskolumnen. Da wühlt die CIA, da schickt Washington eine Kriegsflotte in die Karibik und sucht neue Luftstützpunkte in Kolumbien.

Schon seit über einhundert Jahren, wenn sich irgendwo auf der Erde ein Land erdreistet, eine politische Richtung einzuschlagen, die der US-Regierung nicht genehm ist, muss sich dieser Staat gefasst machen, dass die dort herrschende Freiheit und Demokratie in Frage gestellt wird. Und egal, ob Zweifel und Kritik zutreffen oder nicht – und Defizite gibt es wohl in jedem Land –, es laufen dann die Programme, um solche angeblich für die USA gefährlichen Tendenzen zu korrigieren, damit das geregelte Menuett der Folgsamen ordentlich weiter getanzt werden kann. Nach irgendwelchen Wahlen, ob mit vorgefüllten Urnen und sonstigen unlauteren Wahlmethoden, wird dann die Demokratie nach dem Verständnis der USA proklamiert, damit die »freie Marktwirtschaft« im Marionettenschritt, gut von abgestimmten Geigen begleitet, ungetrübt weiter trippelt.

Willst du nicht mein Bruder sein ...

Das Muster war (und ist) in der Regel stets das gleiche. *Stimme Amerikas*, *Sender Freies Europa*, *RIAS* und wie die Medien alle hießen, forderten die Freilassung der politischen Gefangenen, Öffentlichkeit für die unterdrückte Opposition, die Beachtung der Menschenrechte und die Gewährung demokratischer Freiheiten von dem jeweiligen Regime. Mit solchen Forderungen bringt man die eigene Bevölkerung hinter sich: Schließlich sind die Ausdruck höchster Humanität. Und in den betreffenden Staaten schürt man Unruhe. Die Staatsmacht und ihre Organe reagieren, das wiederum verstärkt die Opposition. So eskaliert eine von außen gesteuerte und forcierte Entwicklung. Natürlich, kein Rauch ohne Feuer – es musste bereits Probleme im Lande geben, ehe ein dynamischer Prozess in Gang gesetzt werden kann. Aber wie überall in der Welt lassen sich solche Konflikte stets auch intern austragen und lösen, ohne dass dadurch ein politischer Kurswechsel um 180 Grad erfolgen muss.

Das aber ist das Ziel einer solchen Inszenierung.

Ob nun die Forderungen von außen (mit Resonanz i Innern) erfüllt werden oder nicht: Es folgen weitere, etwa die nach uneingeschränkter Presse- und Meinungfreiheit. Falls diese Erfolg haben und oppositionelle Medien tatsächlich entstehen oder vielleicht schon präsent sind, werden sie finanziell, materiell, propagandistisch und beraterisch unterstützt. Das kann mit sehr großer Kompetenz erfolgen, denn die Wissenschaft von *Public Relations* hat vom Verkauf von Zahnpaste oder Wunderheilmitteln bis zu Wahlkampfsiegen für George Bush, Schmierkampagnen gegen Obama oder Hymnen über die Vorteile der Marktwirtschaft erstaunliche Fortschritte gemacht. Ein weiterer Schritt ist der Ruf um die Zulassung von oppositionellen Parteien, die eine Chance bekommen sollen, an der »demokratischen« Meinungsbildung im Lande mitzuwirken. Falls auch das gelingt, erhalten solche Parteien, verdeckt oder offen, Hilfe der Vereinigten Staaten und ihrer Verbündeten.

Natürlich, wenn Regierungen sich abweisend verhalten und diesen Forderungen nicht nachkommen, beweisen sie – laut Interpretation des Westens – nur ihre Reformunwilligkeit und Verbohrtheit. Das Problematische daran ist, dass jeder Aufruf, jeder Appell nach mehr Freiheit und Demokratie berechtigt und fair erscheint, zumal er isoliert gesehen wird, denn Tradition und Hintergrund, nationale Besonderheiten und das eigentliche Ziel des eigenen Engagements werden ausgeblendet.

Wenn diese Methode nicht zum Ziel, also zum Umsturz bestehender Machtverhältnis und zur Installation eines USA-freundlichen Regimes führen, gibt es Plan B. Wie etwa in Chile.

Meist, vor allem in jüngerer Zeit, ist man mit Plan A erfolgreich. Man erinnere sich des Zusammenbruchs der Sowjetunion und der mit ihr verbündeten Staaten. Dort wählte – wobei »Wahl« agesichts der Inszenierung wohl nicht die richtige Bezeichnung ist – die Mehrheit »Demokratie« und bekam die »freie Marktwirtschaft«. Mit Abschaffung des Volkseigentums und aller Errungenschaften, die eine antikapitalistische Gesellschaft so hervorgebracht hatte.

In Guatemala 1954 hatte der »Sieg über den Kommunismus« ein fürchterliches Gemetzel zur Folge. Der Genozid dauerte fast dreißig Jahre. Im Kongo war es noch schlimmer. Nach dem 1961 von der CIA unterstützten Mord des gewählten Premiers Patrice Lumumba übernahm der Tyrann Mobuto, von der CIA und dem belgischen Geheimdienst auf den Thron gehoben, die Macht. Diese Marionette des Westens herrschte bis in die frühen 90er Jahre. In einem mit Mineralien fast einmalig gesegneten Land wurden durch seine Herrschaft und deren Folgen Millionen von Kongolesen geschlachtet oder sind armselig gestorben, und der Kongo gehört noch heute zu den ärmsten Ländern der Welt. Dabei konnte sich Mobuto, dem in Washington die Präsidenten Nixon, Ford und Reagan den schönsten roten Teppich ausrollten, mehr als vier Milliarden in Schweizer Banken zurücklegen. Und weshalb stützte der Westen dieses korrupte Regime und diesen barbarischen Diktator, der die Menschenrechte nachweislich nicht nur mit Füßen trat? Er war Antikommunist und damit ein Bollwerk »der Demokratie« gegen fortschrittliche Staaten in der afrikanischen Nachbarschaft. Und natürlich ein Rohstofflieferant.

Auch im heute autokratisch regierten Russland gedeiht die Marktwirtschaft – oder eine dünne Schicht von Markwirtschaftlern –, doch die neue Demokratie ist nur in den Augen von Altbundeskanzler Schröder »lupenrein«. In Polen spielt eine mittelalterliche Kirchenclique in der Politik eine große Rolle, Ungarn wird von rassistischen, SA-ähnlichen Milizbanden bedroht, die Medien werden strengstens kontrolliert. Eine hereingeputschte Regierung in Honduras kann man nur als mörderisch bezeichnen. Sollten diese Erfolge als Gewinne für die freiheitliche Demokratie sein? Und sind denn alle Ostdeutsche so gut weggekommen?

Es könnte einem sogar die Situation in China in den Kopf kommen und vielleicht dabei die ketzerische Frage, ob es bei den Rufen der Welt nach »Freiheit« und »Demokratie«, eventuell sogar bei der Wahl eines Nobelpreisträgers, weniger darum als um die Ausschaltung eines wirtschaftlichen Konkurrenten geht.

Die »Charta 08«, propagiert vom Nobelhelden Liu Xiaobo, fordert politische Reformen und Demokratisierung der Volksrepublik und weist, wohl kaum zufällig, Ähnlichkeiten mit der »Charta 77« auf, die seinerzeit das Drehbuch war für die Auflösung der politischen Herrschaft in der Tschechoslowakei. Die *Washington Post* forderte, das liegt in der Logik von Plan A, in einem Leitartikel: »Warum Chinas Führung mit der Bewegung Charter 08 reden soll.«

In Punkt 14 der »Charta 08« heißt es übrigens: »Wir sollen das Recht auf Privateigentum schaffen und schützen und ein Wirtschaftsystem der freien und fairen Märkte fördern. Wir sollen die Regierungsmonopole in Handel und Industrie abschaffen und die Freiheit garantieren, neue Unternehmen zu gründen. Wir sollen ein Komitee über Staatliches Eigentum bilden, der Nationallegislatur berichtpflichtig, das auf einer fairen, wettbewerbsmäßigen und ordentlichen Art die Übergabe vom staatlichen Unternehmen ins Privateigentum überwacht. Wir sollen eine Landreform schaffen, die den Privatbesitz auf dem Land fördert, das Recht, Land zu kaufen und verkaufen garantiert, und es ermöglicht, dass der wahre Wert des

Privateigentums auf dem Markt adäquat reflektiert wird.«

Also noch ein sinnfälliges Beispiel dafür, wie Freiheit und Demokratie mit der ungezügelten »freien Marktwirtschaft,« also dem Kapitalismus, gleichgesetzt werden.

Kennen wir das nicht aus eigenem Erleben?

Die Realisierung solcher Forderungen in der Volksrepublik China bedeuteten eine Rückkehr in die Zeit der schlimmsten Armut, wie sie die Amerikanerin Pearl Buck in ihrem Nobelpreisroman »Die gute Erde« so ergreifend – und erschreckend – schilderte.

Oder nehmen wir Kuba.

50 Jahre versuchten die USA sowohl Plan A und Plan B. Doch sie scheiterten, denn die Folge wären nicht die auch von manchem Kubaner erträumten Miami-Verhältnisse, sondern eher die von Haiti unter Papa Doc, den Washington auch unterstützte hatte.

Am 27. Dezember 1963 schrieb Admiral a. D. Sidney Souers, den Präsident Harry S. Truman zum ersten CIA-Chef ernannt hatte, nach dessen Kritik an der gescheiterten Schweinebucht-Invasion gegen Kuba. Auch er bedauerte nun plötzlich die gescheiterten Bemühungen der CIA, »Revolutionen in kleineren Ländern rings um die Welt« zu inszenieren.

Die späte Reue der beiden bestätigte quasi offiziell, was der so zentrale Kampf für Demokratie in der USA-Außenpolitik wirklich darstellte.

Frieden in Europa hieß: Akzeptanz des Status quo

Die Führenden in der DDR fürchteten sowohl einen Plan A wie einen Plan B. Und fast alle in der DDR, die Augen und Ohren, vor allem aber das Hirn gebrauchten, bemerkten die endlosen Tricks, die das Ein-Drittel-Ländchen isolieren, schwächen, spalten und abschaffen sollten. Das ging Ende der 80er Jahre in mancher Hinsicht leichter als sonstwo im Osteuropa, weil viele in der DDR Verwandte und Freunde »drüben« hatten, weil die Sprache in allen Funk- und Fernsehsendungen ihre eigene war, und weil man viele Traditionen, Geschichte und Kultur mit den Westdeutschen teilte. Anders als in Polen oder Ungarn konnte die DDR gerade wegen der gemeinsamen Vergangenheit kaum die nationale Karte spielen, worauf hingegen die andere Seite setzte.

Ein verwandtes Problem kam hinzu: obwohl in der DDR alles getan wurde, um das Thema abzuglätten, vergessen zu lassen und durch Freundschaft-Pakte umzudrehen, bestanden, wenn auch nur in Resten, Ressentiments gegenüber Polen und Tschechen, die sie gemäß Potsdamer Abkommen außer Landes trieben. Pommern, West- und Ostpreußen, Schlesien waren weg, die Sudeten nunmehr ohne Sudetendeutsche. Darüber sprach man in der DDR nicht. Aber die Wetterkarte im Fernsehen der BRD zeigte in den 60er Jahren noch immer Deutschland in den Grenzen von 1937.

Auch nach dem Vertrag zwischen der BRD und Polen und Willy Brandts Kniefall in Warschau hielten bestimmte revanchistische Kräfte in der BRD das Thema wach. Schon aus diesem Grunde musste Berlin Konsequent dagegen halten, auch wenn man sich bezüglich der Grenzziehung an Oder und Neiße auch andere Lösungen hätte vorstellen können. Die Akzeptanz der durch den Weltkrieg geschaffenen Realität war Voraussetzung für den Frieden in Europa.

Auch darum ging es der DDR-Führung, wenn sie dogmatisch, aber berechtigt den Status quo verteidigten. Die meisten Kriege hatten damit begonnen, indem Grenzen infrage gestellt wurden. Hatten nicht selbst Russen und Chinesen 1969 am Ussuri aufeinander geschossen, nur weil die beiden Riesenreiche um ein paar Quadratmeter in dem sibirischen Fluss stritten?

Auch in diesem Punkte stand ich hinterm Politbüro. Da machten sie nichts falsch. Das werde ich ebenfalls immer verteidigen.

Reichtum kennt keine Politik, nur eigene Interessen

Zu den Fragen »Freiheit« und »Demokratie« habe ich eine Theorie. Sie ist nicht sonderlich originell, nicht gerade erfreulich und dennoch, wie ich meine, immer wieder passend. Sie besagt, dass jedes System – kapitalistisch, sozialistisch, kommunistisch, demokratisch, diktatorisch, faschistisch oder was auch immer – von einer Grundregel beherrscht wird. Sobald die Landesherrscher fürchten, ihre Machtposition, oft auch ihren Besitz, zu verlieren, werden Rechte eingeschränkt oder völlig ausgesetzt. Das eine System kann sehr repressiv sein, das andere viele Freiheiten gewähren und Rechte zulassen. Eine Menge Faktoren spielen mit, wie die Geschichte des Landes, seine Traditionen und die Kampfkraft der Bewohner, geschichtlich wie gegenwärtig. Doch trifft fast immer das Folgende zu: der Selbsterhaltungstrieb ist stark.

In reicheren Ländern, wo Angst meist keine große Rolle spielt, genießt häufig eine Mehrheit demokratischere Verhältnisse, mit wenig Gewalt. In England etwa, in Frankreich, Skandinavien und den USA bestehen lange Traditionen. Es existieren meist relative Rede- und Pressefreiheit, eine gewisse Hoffnung auf Gerechtigkeit vor Gericht, die Möglichkeit, oppositionelle Parteien zu gründen und kritische, mitunter gar umstürzlerische Bücher und Pamphlete zu drucken. Das sind schöne Rechte, oft langwierig und blutig erkämpft, dennoch nicht selten angegriffen, wie zur Zeit fast überall. Sie verdienen, verteidigt zu werden!

Oft ist es so, dass die Mächtigen in solchen Ländern meinen: Wenn einige aufrührische Agitatoren lediglich ein paar Hundert, höchstens ein paar Tausend Menschen in den Großstädten erreichen, dann mögen sie auf ihre Seifenkisten und Leiterchen steigen, feurige Reden halten, revolutionäre Blättchen und Manife drucken und verteilen. So lange sie von größeren Bevölkerungsgruppen isoliert bleiben und die bestehenden Machtverhältnisse nicht gefährden, kann man sie ruhig gewähren lassen. Sie haben die Rolle, die früher die Narren bei Hofe spielten. Und man kann den auswärtigen Kritikern sagen: Seht, so funktioniert Demokratie! Jeder kann denken und sagen, wonach ihm der Sinn steht, jeder kann nach seiner Facon leben und sterben. Das ist Freiheit.

Doch eine solch glückliche Situation dauert nur so lange, wie a) die Mehrheit im Lande zufrieden ist, ihr Auskommen hat und sich in die Verhältnisse eingerichtet hat, b) die bestehenden Verhältnisse nicht infrage oder gar angetastet werden.

In Europa und Nordamerika bedeutet Wohlstand eine anständige Wohnung oder, noch besser, ein Häuschen; schon die Verpflichtung der Kredittilgung wirkt als Streik- und Aufruhrbremse, denn das könnte den Verlust der Arbeit bedeuten und in der Folge den Verlust des Eigenheims, des Autos, der auf Raten gekauften Konsumgüter, also sozialen Abstieg. Besitz, und sei er noch so klein (im Vergleich zum Eigentum der tatsächlich Reichen im Lande), bilden einen wirksamen Schutz vor Umstürzen, Unruhen oder gar Revolutionen.

In derartigen Staaten besteht zumeist ein wunderbar passendes Wahlsystem. Im Musterland USA »befehden«

sich seit 1856 zwei große, bisher fast unerschütterliche Parteien. Wenn es mal nicht so gut geht und mehr Menschen kritisch werden, gibt man der regierenden Partei die Schuld und wählt beim nächsten Wahl die Gegenpartei. In zwei oder vier Jahren bietet sich dann wieder eine Tauschgelegenheit.

Die zwei Parteien sind nicht ganz gleich, sie streiten über manches, nicht aber über das politisch-wirtschaftliche System – was doch die Grundfrage jeder Gesellschaft ist. Die Demokraten suchen Stimmen insbesonders bei der gebildeten Mittelschicht, bei Intellektuellen und den Unterschichten, die Republikaner eher bei den aufstrebenden Kleinbürgern, die aufsteigen wollen, in der gesellschaftlichen Mitte und bei der Oberschicht, die bereits den Aufstieg geschafft hat. Beide Parteien sind auf Wahlspenden angewiesen, beide werden von Lobbyisten bearbeitet und geschmiert. Manche Tendenz mag unterschiedlich sein, mal gehen einzelne, ehrlichere Politiker eigene Wege, doch der Hauptunterschied zwischen Republikanern und Demokraten besteht darin, dass die eine Partei eher nach rechts neigt, während die andere sich ein wenig weniger koservativ gibt. Ihre Wahl gilt mitunter als nötiges Übel. Manchmal kann das Bedeutung bekommen, wenn damit etwas Schlechteres verhindert werden kann.

Bisweilen entstehen neue, kämpferische Parteien, was aber an dem Grundproblem der US-Gesellschaft nichts ändert. Frederick Townsend Martin (1849-1914), ein New Yorker Schriftsteller und Anwalt der Armen, brachte es auf den Punkt und sprach die unverändert gültige Wahrheit aus: »Es macht kein Jota Unterschied, welche politische Partei an der Macht ist, oder welcher Präsident die Amtszügel in der Hand hält. Wir sind keine Politiker oder Gesellschaftsdenker. Wir sind die Reichen, wir besitzen Amerika. Wir haben es bekommen, nur Gott weiß wie. Doch wir beabsichtigen, es zu halten, wenn wir es können, indem wir das ungeheuere Gesamtgewicht unserer Unterstützung, unseres Geldes, unserer politischen Verbindungen, unseren gekauften Senatoren, unseren hungrigen Abgeordneten und unseren demagogischen Volksrednern in die Waage werfen gegen jede Gesetzgebung, jedes politisches Programm, jede Präsidentschaftskampagne, die die Ganzheit unseres Besitzes bedroht.

Ich habe gesagt, dass die Klasse, die ich vertrete, sich nichts aus der politischen Szene macht. In einer einzigen Wahlperiode warf ein plutokratischer Führer seinen Einfluss und sein Geld in die Waage, um einen Republikanischen Gouverneur an der Pazifikküste und einen Demokratischen Gouverneur an der Atlantikküste zu wählen ... Ich kann wahrhaftig sagen, dass Reichtum keine Politik kennt außer den eigenen Interessen.« (»The Passing of the Idle Rich«, Doubleday, Page & Co., Garden City, NY, 1911, S. 149f.)

In Großbritannien kommen meist drei Parteien ins Parlament. Doch auch sie differenzieren sich eher in den Personen, also den Nuancen, als in der grundsätzlichen Politik. Dagegen können Aufrührer ruhig am Hyde Park schimpfen und protestieren. Man fegt vielleicht zwar Eiserne Ladies und blinde Befürworter von Kriegen – etwa Tony Blair – aus dem Amte, aber die Nachfolger ändern nicht den Kurs, allenfalls dessen Umsetzung. Die erfolgt dann ein wenig moderater.

In den meisten Ländern Europas besteht ein Proporz-Wahlsystem mit mehreren Parteien und komplizierteren, wechselnden Koalitionen. Linke Parteien haben durchaus Chancen, in die Parlamente zu gelangen. Doch die Medien sorgen schon dafür, dass sie klein gehalten werden. Je nach der Situation kann das entweder durch das fast völlige Verschweigen und Ignorieren oder eimerweise Verleumdung und Verteufelung sein. Eine andere Methode ist die Einbindung ins System, indem man für manche Parteioberen ein paar Privilegien oder Regierungssessel anbietet. Das war in der SPD so und ging auch mit den Grünen. Man versucht es immer wieder.

Es ist auch wichtig zu merken, dass in den meisten Demokratien viele gehen gar nicht zur Wahl. Manchmal stimmen nur 50, 50 oder 70 Prozent der Bürger ab. Die wenigsten Stimmen in den USA kommen von den ärmsten Bürge, vor allem ältere Menschen, oft mit nur geringer Schulbildung. Unter ihnen sind sehr viele schwarze Männer, die einmal wegen irgendeines Deliktes im Knast waren und deshalb in vielen Bundesstaaten nicht mehr wählen dürfen, und einfach Leute, die zu sehr mit der Existenzsicherung ihrer Familie beschäftigt sind, um sich für Politik zu interessieren, die ihre Lage nicht verbessert. Auch eine von den Medien verbreitete Apathie oder Politikverdrossenheit spielt dabei eine Rolle.

Ncin, auch wenn man sein Kreuz ganz geheim in der Wahlkabine für Herr A oder Frau B in der C-Partei oder D-Partei machen darf, ergibt das nirgendwo, auch nicht bei der Proporzwahl in Deutschland, die Chance auf einer echten Änderung, so dringend sie sein mag. Auch hier: Ärgert man sich über die Wirtschaft, stimmt man das nächste Mal nicht für die Partei von Merkel und Schäuble, sondern für die von Müntefering und Gabriel. Ist man von der FDP enttäuscht, lässt man sie fallen, wählt die Grünen oder bleibt zu Hause. In Machtfragen sind die vier »demokratischen Parteien« sich einig und bilden im Parlament in den Schlüsselfragen eine Art All-Parteien-Koalition. Es bleibt weitgehend offen, in wie weit der Zusatz einer fünften Partei dieses Status quo noch durcheinanderbringen kann. Es ist klar, das alles Mögliche dagegen unternommen wird.

Und wenn die Wirtschaft dennoch bergab geht, wenn Unzufriedenheit und Missmut wachsen? Wie zeigt sich dann der Selbsterhaltungstrieb? Ein Rezept wirkt seit Jahrhunderten Wunder. »Vom Ausland her droht der Feind,« sagte der Kaiser 1914. »Nun gilt's zusammenzuhalten, jetzt sind wir alle Deutsche. Uns alle bedrohen die Franzosen, die Russen, sogar die Engländer.«

Analoges riefen Monsieur le Président, Prime Minister und King George sowie Zar Nikolai und US-President Wilson.

Hitler erklärte zunächst das Weltjudentum zum Feind, gegen das man sich gemeinsam zur Wehr setzten müssen, dann ging es gegen »die Polen«, »die Franzosen«, »die Bolschewiken« und gegen den Rest der Welt.

Nach dem Sieg über Nazideutschland brauchte man vor allem in den USA einen neuen Feind, gegen den man sich einigen musste. Der wurde schnell gefunden: der bisherige Verbündete! In der hysterischen McCarthy-Ära schrie fast jede zweite Schlagzeile in den USA: »Die Russen wollen uns versklaven.« Überall witterte man ihre Agenten. Sogar die Atom-Bombe klauten sie, hieß es. »Alle Patrioten müssen gegen diese verdammten Roten zusammenstehn. Better dead than red!«

Von 1945 bis in die 60er Jahre wurde das Volk animiert, jeden Verdächtigen zu denunzieren. Linke wurden eingesperrt, manche – wie die Rosenbergs – gar hingerichtet, Tausende geächtet, entwürdigt, verfolgt. Es kam zu Ehetragödien, Scheidungen, auch Selbstmorden. Begabte wanderten aus. Man stellte eine lange Liste von verdächtigen Organisationen auf, deren Mitglieder sich als »Agenten des Auslands« zu melden hatten. Fast alle Oppositionellen wurden dadurch eingeschüchtert. Das traf auch mich. Aus Angst davor, was mir als Wehrpflichtsoldat drohte, falls ich die Liste nicht unterschrieb, habe ich doch am Ende meinen Namen darunter gesetzt und gehofft, es untersucht mich keiner.

Ich habe mich aber geirrt, und als mir eine mögliche Strafe von 10.000 Dollar und fünf Jahre Haft drohte, flüchtete ich geradezu in Panik aus der US-Army und verlor dadurch meine Heimat. Erst viele Jahre später wurde diese Liste annulliert.

Diese Warnung vor äußerer Bedrohung und Appelle an patriotische Gefühle gehören seit über 200 Jahren zum Repertoire der Regierenden in den USA. Vor 1800 waren es die franzöischen Jakobiner, vor denen man warnte, später die Kommunarden, die Anarchisten, die Sozialisten und schließlich die Kommunisten, die Roten. Und weil es die nun kaum noch gibt, sind es die Islamnisten und Terroristen, gegen die man Krieg führt.

Die Methode, die Köpfe von unerwünschten Gedanken frei zu halten und die Macht fest zu behalten, überschattet die gesamte USA-Geschichte. Man hetzte Gruppen gegeneinander, etwa Südstaatler gegen Nordstaatler, die »Yankees«, die nach dem Bürgerkrieg im Süden als Eroberer galten. Oder die zweite, dritte, vierte Generation der Einwanderer, die sich als »echte« Amerikaner betrachteten, gegen neue »ausländische Einwanderer«. Fehden und Ressentiments aus dem »old country« wurden weiter gepflegt, etwa zwischen Russen und Polen, Ungarn und Slowaken, Deutschen und Franzosen, Christen gegen Juden, protestantische gegen katholische Iren, Kroaten gegen orthodoxe Serben.

Etwa ab 1870 bemühten sich Unternehmer besonders im Bergbau und in der Textilindustrie, Arbeiter aus möglichst vielen Nationalitäten anzuheuern, die sich sprachlich nicht verstanden und alten Vorurteilen anhingen. Das geschah mit der Absicht, zu teilen und zu herrschen. Vertreter von 25 Nationen schufteten in den Webereien von Lawrence in Massachusetts. 1912 überwanden sie den Streit untereinander und führten einen langen, bitteren und berühmten Streik zur Verbesserung ihrer Arbeitsbedingungen. Sie gewannen, weil es den kämpferischen *Industriearbeitern der Welt* (IWW) gelang, mit vielen Dolmetschern im Streikbüro alle Nationalitäten zusammenzuführen. Ähnliche Kämpfe von mutigen Gewerkschaften, noch eher aber der Generationswechsel, ließen das Sprachproblem an Bedeutung verlieren.

Ein teufliches Werkzeug blieb dennoch gefährlich: die Trennung durch Hautfarbe, basierend auf Jahrhunderten der Sklaverei. Diese wurde offiziell 1865 beendet, doch saß die Gift sehr tief in der Gesellschaft. Mit wenigen ehrenhaften Ausnahmen konnten die Unternehmer immer wieder Weiße gegen Schwarze hetzen. Mit der Rassentrennung sicherten sie sich ihre Macht. Erst in den 1930er Jahren gelang es in größerem Maße und in vielen Industrien, am erfolgreichsten durch Kommunisten geführte Arbeitskämpfe, den Ausschluss schwarzer Arbeiter und Arbeiterinnen teilweise zu überwinden. In den USA ließ sich feststellen: Wo man Rassenhass überwand, gab es Fortschritt für alle, wo nicht, blieb alles beim Alten.

Heute geht es gegen Latinos, vor allem gegen die illegal eingewanderten, die versuchen, die Existenz ihrer Familien in Mexiko und Mittelamerika zu sichern.

Und seit dem 11. September 2001 vermengen Ultra-Rechte und christliche Fundamentalisten die alte »Drohung-von-draußen«-Mythen mit rassistischem Gebrüll gegen »Islamisten«, «Jihadisten« und alle Muslime und andere Religionen.

Auch in Europa gibt es solche Tendenzen. In der Krise sucht man nach Schuldigen, nicht nach den Ursachen. Vor solchem Hintergrund nehmen »die Ausländer« die Arbeit weg, liegen »dem Steuerzahler« auf der Tasche. In der Folge macht man die Grenzen dicht und baut den Kontinent zur Festung aus. Illegale Einwanderer, die nichts besitzen außer ihrem Leben, werden abgewiesen, gejagt und in ihr Elend zurückgeschickt. Das Boot ist voll, heißt es.

Bei den Nazis waren »die Juden« an allem Schuld.

Heute sind es »die Ausländer«, Araber, Roma und Sinti, Türken, vor allem sämtliche »Islamisten«, die Muslime.

Das Volk hält still, solange es satt ist

1947 besuchte ich Europa. In Paris geriet ich zufällig in eine Demonstration vor dem Parlament. Arbeiter von Renault forderten friedlich, mit Parteienvertreter über ihre Beschwerden zu reden. Bis auf einen Abgeordneten der Kommunisten kam keiner. Also demonstrierten sie weiter. Um was es genau ging, verstand ich trotz aller Fragen nicht. Mir ging es wie einst Mark Twain: »In Paris gafften sie nur, als ich sie auf Französisch ansprach. Mir ist es niemals gelungen, diesen Idioten ihre eigene Sprache verständlich zu machen.«

Doch wurde das Verständnis entschieden leichter, als bewaffnete Polizisten aufkreuzten. Obgleich wir die »Marseillaise« sangen, also die Nationalhymne, in die ich laut einstimmte, jagten sie uns auseinander. Und dabei gingen sie nicht sehr sanft mit uns um.

Drei Monate später war ich in Italien. Ich konnte kurz miterleben, wie die US-Regierung die Wahlen 1948 vorbereitete. Sie wollte Kommunisten und Sozialisten, die Helden des Partisanenkriegs gegen die Nazis, aus der Regierung in Rom drängen. Washington und Außenminister Marshall versprachen Lebensmittel und andere Hilfe, wenn »die Roten« verdrängt würden, anderenfalls käme nichts. Kriegsschiffe ankerten vor der Küste, in den USA organisierte man mit der Kirche eine Briefkampagne unter Italo-Amerikanern. Man kaufte einige Gewerkschaftsführer und setzte Mafiosi ein, um Streiks zu zu beginnen oder zu beenden, je nach dem, und um die Arbeiterbewegung zu spalten. Der Druck half, am Ende waren die Herrschenden erfolgreich. »Als die ersten Ergebnisse der italienischen Wahlen bekanntgeworden waren, erlebten die Börsen in Rom und Mailand einen tollen Boom. Eine fieberhafte Kauftätigkeit setzte ein Italiens Börsenjobber waren von ihrem schrecklichen Alpdruck befreit: ein Sieg der Kommunisten kam nicht mehr in Frage. Viele andere, nicht kommunistisch angehauchte Italiener feierten den Wahlerfolg der Christlichen Demokraten auf ihre Weise. Sie berauschten sich in den zahllosen Cafés und Trattorien an Chianti, Marsala, Frascati und den anderen guten Tropfen des Landes«, schrieb *Der Spiegel* am 24. April 1948.

Ähnliches hatte ich in Frankreich erlebt. Mit dem Geld aus einer vom Krieg unbeschädigten USA-Wirtschaft behaupteten sich die USA überall westlich des »Eisernen Vorhangs« durch. Der Brückenkopf auf dem Alten Kontinent wurde dauerhaft ausgebaut. Freiheit und Demokratie wurden gepriesen und auf seltsame, also amerikanische Art vorgelebt.

Seither mussten in Westeuropa die oberen Schichten sich kaum noch um ihren Besitz und ihre Macht sorgen. Fast alles blieb ruhig, seit 1990 herrscht auf dem ganzen Kontinent Friedhofsruhe – sieht man mal von den Bürgerkriegen an der Peripherie, etwa auf dem Balkan, im Baskenland oder in Nordirland ab. Die meisten Menschen sind mit Häuslebauen, Autokauf und -verkauf, mit Reisen und anderen schönen, aber letztlich nebensächlichen Dingen beschäftigt und ruhiggestellt. Stabile Parteienstrukturen, manipulierende Medien, relative soziale Sicherheit sorgen dafür, dass sich daran nichts ändert.

Dennoch bleibt die Frage: Was wird, wenn die Unzufriedenheit wächst und mit ihr der Widerstand, was geschieht, wenn die Mittel, die bisher zur Beruhigung eingesetzt wurden, nicht mehr reichen? Die Antwort: Es werden dann eben größere Geschütze herangerollt.

Das zeigt die Geschichte.

Im Februar 1936, als Parteien der Linken und des Zentrums eine »Volksfront« bildeten, gewannen sie die Wahlen. Schüchterne Schritte folgten, Landschulen zu bauen, Arbeitern und den Allerärmsten zu helfen, Frauen Rechte zu geben und die Exzesse der Großgrundbesitzer und ihrer eng verwandten Generäle und Erzbischöfe einzuschränken. Daraufhin putschten die hohen Offiziere . Er misslang. Also begannen sie einen blutigen Bürgerkrieg und holten Hitler-Deutschland und Mussolini-Italien zu Hilfe. Dagegen kämpfte das Volk tapfer und opferreich, Freiwillige aus aller Welt setzten ihr Leben ein. Sie hätten gewinnen können, wenn nicht Frankreich, England, die USA, ja fast sämtliche »Demokratien« die Faschisten unter der Parole »Nichteinmischung« hätten gewähren lassen. Keine fünf Monate nach dem Sieg der Reaktion in Spanien überfiel Hitlerdeutschland Polen und brach damit den Weltkrieg vom Zaun.

Spanien bewies: Bei drohendem oder tatsächlichem Machtverlust auf demokratischem Wege ist Schluss mit Demokratie und Menschenrechte. Wenn die Macht wechselt, holen sie die geschlagenen Kapitalisten und ihre Helfershelfer wieder zurück. Um jeden Preis, da geht man über Leichen. Franco ließ Tausende ermorden. Pinochet hielt es ebenso.

Krieg gegen das eigene Volk

Die Völker zahlen den Preis, wenn die Herrschenden ihre Macht verteidigen, wenn sie Kriege führen um Absatzmärkte und Rohstoffe oder, wie 1989/89, um die Beseitigung des Sozialismus in Europa. Der Krieg der Geheimdienste war nicht so laut und so blutig wie jene anderen von 1914-1918 und 1939-1945. Aber der Kalte Krieg zwischen 1945 und 1990 war nicht weniger teuer, grausam und folgenreich als die vorangegangenen Kriege. Die Bilanzen liegen heute offen, damals unterlagen sie der Geheimhaltung oder waren unter dem Schleier der Propaganda, der Desinformation und der Lügen nicht immer erkennbar.

Wir sollten, was wegen der Niederlage naheliegt, aber nicht allein unsere Fehler analysieren, sondern auch berücksichtigen, wie innerhalb der Bundesrepublik Deutschland gegen die Opposition vorgegangen wurde, wie also Recht und Gesetz gebeugt, die Demokratie beschädigt und die Menschenrechte verletzt wurden.

»In der Stunde Null des Jahres 1945, als sich die Deutschen in dem Ruf *Nie wieder Krieg! Nie wieder Faschismus!* einig zu sein schienen, war es unvorstellbar, dass sie sich noch einmal der Herrschaft des Großkapitals unterwerfen würden, dessen Verantwortlichkeit für den Krieg, die 50 Millionen Toten und die zerstörten Städte damals im öffentlichen Bewusstsein war, was sich in Sozialisierungsartikeln einiger Länderverfassungen und sogar im Ahlener Parteiprogramm der CDU niederschlug«, schrieb der westdeutsche Rechtsanwalt Heinrich Hannover 2004 in der Zweiwochenschrift »Ossietzky«. »Aber die Entfernung des Nazipersonals aus einflussreichen Stellen in Politik, Justiz und Wirtschaft blieb ebenso wie die Einsetzung überlebender Antifaschisten in Regierungsämter und Verwaltungsfunktionen nur Episode. Nur zu bald entdeckten die nur oberflächlich entnazifizierten Deutschen, dass es sich mit amerikanischer Kapitalunterstützung ganz gut leben ließ und dass ihr aus Hitlers Tagen überkommener Antikommunismus durchaus die Sympathien der amerikanischen Besatzungsmacht hatte. Ja, es stellte sich heraus, daß nicht nur die im Kampf gegen die *bolschewistische Gefahr* bewährten Geheimdienstler, sondern auch Hitlers Wehrmachtsoffiziere und Generäle, die eben erst wegen Kriegsverbrechen von alliierten Militärgerichten zu hohen Freiheitsstrafen verurteilt worden waren, wieder gebraucht wurden, um den Krieg gegen die Sowjetunion vorzubereiten. Und so wurden sie auf Initiative der Regierung Adenauer schon Anfang der 50er Jahre aus dem Landsberger Kriegsverbrechergefängnis entlassen und konnten ihre im antikommunistischen Kampf bewährte Gesinnung in die Bundeswehr und die staatsbürgerliche Bildung junger Menschen einbringen.

Dass die Sowjetunion die Hauptlast bei der Niederringung des Hitler-Reichs geleistet und ungeheure Opfer an Menschenleben gebracht hatte, dass das Land ein riesiger Kriegsschauplatz gewesen war, dass seine Städte und Dörfer, seine Industrieanlagen, Verkehrsmittel und Maschinen zerstört waren, und die Menschen nichts nötiger brauchten als Frieden und Kraft zum Wiederaufbau, wurde in einer gewaltigen Lügenkampagne aus den

Köpfen der Deutschen vertrieben und durch das Feindbild einer aggressiven Sowjetmacht ersetzt, die ihren Machtbereich mit Waffengewalt mindestens bis zum Rhein vortreiben wolle. Alle politischen Aktivitäten, die sich gegen eine deutsche Wiederbewaffnung richteten, wurden verdächtigt, der russischen Dampfwalze Vorschub leisten zu wollen. Wer sich in diesem Land als Sozialist oder Pazifist bekannte und Widerstand gegen die Remilitarisierung und die Restauration der alten Machtverhältnisse leistete, wurde verdächtigt, Bundesgenosse Stalins und seiner Terrorclique zu sein und nichts anderes im Sinn zu haben, als stalinistische Verhältnisse auf die Bundesrepublik zu übertragen.

Da hatte eine kollektive Gehirnwäsche stattgefunden, die nur funktionieren konnte, weil noch die alten, von der Goebbels-Propaganda erzeugten Feindbilder und Denkblockaden virulent waren, an die man, nunmehr unter demokratischem Vorzeichen, anknüpfen konnte.

So konnte die Regierung Adenauer schon 1950 verfügen, dass Mitgliedern der KPD, der Vereinigung der Verfolgten des Naziregimes und anderer linksgerichteter Organisationen der Zugang zum öffentlichen Dienst verwehrt wurde. Den nach dem Zusammenbruch des Nazi-Reichs entfernten Beamten hingegen wurde 1951 durch das 131er-Gesetz die Rückkehr in ihre Ämter in Justiz und Verwaltung eröffnet. Damit war das Personal wieder beisammen, um alle, die ein anderes, von den Interessen des Kapitals und der Rüstungsindustrie unabhängiges Deutschland wollten, als Kriminelle abzustempeln. Im gleichen Jahr 1951 wurde beim Bundesverfassungsgericht der Antrag auf Verbot der KPD gestellt, jener Partei, deren Mitglieder sehr viel früher als die heute offiziell gefeierten Attentäter vom 20. Juli 1944 gegen Hitler und seine Bande Widerstand geleistet und in diesem Kampf die größten Opfer gebracht hatten. Ein Verfahren, das am 17. August 1956 mit dem Verbot der KPD endete und eine Fülle neuer Strafverfahren auf der Grundlage des uferlosen Tatbestandes des Verstoßes gegen das KPD-Verbot auslöste.

Was in den 50er und 60er Jahren sich in westdeutschen Gerichtssälen abgespielt hat, ist dank gehorsamen, von kapitalkräftigen Inserenten und Sponsoren abhängigen Medien nur tropfenweise ins öffentliche Bewusstsein gedrungen«, stellte Rechtsanwalt Heinrich Hannover zutreffend fest. »Die in Essen arbeitende Initiativgruppe für die Rehabilitierung der Opfer des kalten Krieges hat 2.364 Verurteilungen dokumentiert, und das ist nur ein Bruchteil des damals praktizierten Justizunrechts. Ich selbst habe seit meiner Anwaltszulassung im Jahr 1954 eine Fülle von Strafverfahren gegen Menschen, die sich oppositionell gegen Remilitarisierung und neue Kriegsvorbereitung betätigt hatten, als Verteidiger miterlebt, bin also gewissermaßen Zeitzeuge eines Abschnitts deutscher Justizgeschichte, der dringend einer öffentlichen Bewusstmachung bedarf. Nicht nur, um den letzten noch lebenden Betroffenen dieses Justizunrechts eine späte Gerechtigkeit zuteil werden zu lassen, sondern auch um unseren Zeitgenossen begreiflich zu machen, wie es eigentlich dazu kommen konnte, dass heute wieder deutsche Soldaten, Waffen und andere Industrieprodukte an Kriegen in aller Welt beteiligt sind.«

Seinerzeit ging man im Namen »der Freiheit« und »der Demokratie« sogar gegen Kunst vor, weil sie aus dem Osten kam. Ich erinnere mich: Als das Berliner Ensemble in London auftreten sollte (und auch auftrat), erklärte Prof. Ronald Speirs von der Universität Birmingham: »Es ist erstaunlich, die Tricks anzuschauen, womit das Foreign Office versuchte, Brecht fernzuhalten, wie auch den Druck auf ihm durch die Deutschen Botschaft in London, die ja ein Brecht-Boykott seit 1953 führte.«

Die großartigsten Filme der DEFA wurden in der Bundesrepublik so gut wie völlig boykottiert, selbst ein Film wie »Jakob der Lügner«, der für einen Oscar nominiert wurde.

Ich kannte das nur zu gut aus meiner Heimat, wo Filme wie »Salz der Erde« – 1953 in den USA gedreht- der den Streik von Bergleuten nach einem Grubenunglück in New Mexico zum Thema hatte –, welcher in Frankreich Preise gewann, aber in den USA nicht gezeigt wurde. Der Regisseur Herbert J. Biberman gehörte zu den »Hollywood-Ten«, die inhaftiert und/oder indiziert wurden. Berufsverbot ist eine sehr freundliche Umschreibung für diese Art von Verfolgung.

Der Schauspieler-Sänger Paul Robeson, für mich einer der größten Persönlichkeiten des Jahrhunderts, wurde an Auftritten gehindert. Er durfte nicht ins Ausland reisen, nicht einmal nach Kanada ließ man ihn.

Und dennoch, in der Bundesrepublik wie in den USA und ansderswo in Westeuropa, ein wachsende Wohlstand von recht vielen ermöglichte eine offenere Gesellschaft. Es blieb dennoch eine gewisse Angst vor angeblich gefährlichen Ideen aus dem Osten. 1968 erließ die Regierung von Kurt Georg Kiesinger und Willy Brandt Notstandsgesetze, die zu Ermittlungsverfahren gegen mehr als 200.000 Personen führten. Manche wurden als Kommunisten oder »Mitläufern« verurteilt, einige kamen ins Gefängnis; unzählige Lebensläufe, auch als Eisenbahner oder Briefträger, wurden wegen linken Ansichten ruiniert.

Doch wie in den USA kümmerten sich die meisten in der BRD weiterhin um privaten Sachen, lasen *Bild*, *Bunte* und *Bravo*, wählten brav CDU, CSU, FDP oder SPD. So lange sie nicht über bestimmte »rote Linien« traten, die oft mit der ach so bösen DDR zu tun hatten, bekamen sie wenig Repression zu spüren.

Es gab manches Umdenken über die Nazizeit nach 1968, besonders unter jungen Intellektuellen und linken Gewerkschaftern, und auch mitunter heftige Kämpfe gegen die Notstandsgesetze, die Atomraketen und für die 35-Stundenwoche, doch im Großen und Ganzen brauchten die führende Männer der CDU, CSU, FDP und SPD wenige Sorgen, und auch die zunächst aufmüpfigen Grünen wurden meist zahm, als sie in die Regierungen kamen.

Wir scheiterten an den eigenen Maßstäben

Die kleine Schar von Antifaschisten, die ab Mai 1945 einen neuen Staat in ganz Deutschland aufbauen wollten, und durch den Kalten Krieg letztlich auf die Sowjetische Besatzungszone zurückgeworfen, hatten es aus zwei Gründen weitaus schwerer als die Politiker in den Westzonen. Zum einen wollten sie die alte, kapitalistische Gesellschaft umkrempeln (im Westen lief es schon bald auf die Wiederherstellung der traditionellen kapitalistischen Verhältnisse hinaus), zum anderen war die wirtschaftliche Basis erheblich schwächer als die im Westen, und diese wurde zudem noch durch Demontage und Reparationen weiter reduziert.

Im Osten folgte man dem Potsdamer Abkommen, welches die »Vernichtung der bestehenden übermäßigen Konzentration der Wirtschaftskraft, dargestellt insbesondere durch Kartelle, Syndikate, Trusts und andere Monopolvereinigungen« forderte. Das rief bei vielen Genugtuung hervor, bei etlichen Einflußreichen aus der oberen Mittelschicht eher Feindschaft. Techniker, Manager und Wissenschaftler, die für Krupp, Flick oder IG Farben u. a. gearbeitet hatten, waren oft Nazis und trugen mitunter gehörige Portionen von Schuld. Viele zogen gleich nach dem Westen, wo man diese Bestimmungen nicht zu ernst nahm, und arbeiteren wieder bei ihren alten Firmen. Das schuf personelle Lücken im Osten. Andere blieben feindlich gesinnt oder flüchteten erst, nachdem sie das Volkseigentum geschädigt hatten, gelegentlich nahmen sie wichtige Betriebsdokumente mit.

Der Osten war viel kleiner und besaß kaum Naturschätze außer Kalisalz und Braunkohle. Es gab nur ein einziges Stahlwerk, das von Koks und Erz aus dem Westen abhängig war. Andere Industrien benötigten auch westlichen Zulieferungen, die begrenzt kamen und an Bedingungen geknüpft waren.

Die Westzonen stellten ihre Reparationslieferungen an die Sowjetunion und Polen ein. Am Ende trug Ostdeutschland mehr als 90 Prozent der gesamten Last allein.

Dennoch vermochte es diese DDR, eine starke, leistungsfähige Wirtschaft aufzubauen. Er sah sich gezwungen, eine eigene Stahlindustrie zu schaffen, auch mit Braunkohle, bisher ein Unding. Neue oder modernisierte Industrien entstanden: Werften für Fluß- und Hochseeschiffe, Trawler und Erntekombines, Werkzeug- und Druckereimaschinen, Textil- und Büromaschinen, Zweige der Chemieindindustrie, Betriebe für Plattenbauten ... Rückständige Gegenden bekamen besondere Unterstützung etwa durch Schaffung einer Agrarindustrie in Mecklenburg und einer Textilindustrie im Eichsfeld. Man schuf viele Arbeitsmöglichkeien für Frauen; das Lenken von großen Hallenkränen etwa wurde praktisch zum Frauenberuf. Überall wurden Arbeiter und Arbeiterinnen gebraucht, auch auf dem Lande wurde Fachausbildung für jung und alt, Mann und Frau gefördert.

Nur bedeutete die nötige Betonung auf Grundlagenindustrien wie Schwermaschinenbau oder Bergbau, dass die Herstellung von vielen Konsumgütern auf den schmalen Hintersitz verdrängt wurde. Die Ressourcen des kleinen Landes waren nicht unbegrenzt. Die Verlust von Fachexperten, ein Zwang, die besten Konsumgüter zu exportieren, um Rohstoffe einführen zu können, eine Überzentralisierung und die Bürokratie wie wohl auch die Tatsache, dass fehlende Ängste vor Entlassung nicht unbedingt zur übermäßigen Anstrengung führten und moralische Beweggründe nur eine begrenzte Wirkung haben – all das schränkte das Angebot in den Geschäften ein. Es gab bald genügend Lebensmittel, Kleidung und das Notwendige, doch viele verdienten immer besser, während schöne, modische, begehrte Luxuswaren fehlten oder, wenn sie angeboten wurden, fast schneller verschwanden als sie in die Geschäfte kamen. Das ist besser als wenig Kundschaft, aber auch nicht angenehm.

Drei Faktoren komplizierten zusätzlich die Lage. Die Wiederbewaffnung im Westen verursachte riesige Aufwendungen für die Verteidigung. Ein grandioses Bauprogramm mit dem versprochenen Ziel, das Wohnungproblem bis 1990 völlig zu lösen, kostete Unmengen an Geld, Baustoffen und Arbeitskräften. Schließlich wuchs ein Problem mit der immer wichtigeren Elektronik, vor allem der Mikroelektronik. Da die DDR vom Einfuhren aus dem Westen gesperrt wurde und keine Hilfe aus der UdSSR oder anderen Ostländern erwarten konnte, musste die kleine Republik versuchen, allein mit IBM und Sony zu konkurrieren. Das war äußerst schwer und kostete Milliarden, die anderswo fehlten.

Gerüchte über Privilegien »da oben« steigerte auch die Unzufriedenheit. Ich ärgerte mich auch darüber. Einmal fragte ich einen netten, ehrlichen Bekannten aus der »Mittelschicht« des ZK-Apparates, weshalb seine Kollegen und Kolleginnen besser belieferte Geschäfte und schönere Urlaubsheime besuchen dürften. Die Antwort war trauriges Kopfnicken. Allmählich begriff ich: Solche Stufen der Gunst sicherten Treue und Ergebenheit auf allen Ebenen der Hierarchie.

Mir war bewusst, dass solche Privilegien in der westlichen Welt lächerlich waren. Karl Friedrich Flick zahlte Millionen als Schmiergeld, um lästige Steuern zu vermeiden und sein gigantisches Vermögen nach Österreich wegzutragen; das Geld stammte zum Teil durchs Ausplündern von 100.000 KZ-Sklaven und Zwangsarbeitern. Dann, als dieser größter Nachkriegsskandal platzte, musste weder er noch die mitschuldigen Helmut Kohl und Graf Lambsdorff auch nur einen Tag in Knast verbringen, Flicks Vermögen blieb intakt: über 5 Milliarden Mark. Da sah man, wie lächerlich gering die Distanz zwischen oben und unten in der DDR war.

Das Problem jedoch war moralischer Natur, nämlich dass man damit gegen die eigenen Prinzip der Gleichheit und der Gerechtigkeit verstieß. Man predigte öffentlich Wasser und trank heimlich Wein aus dem Westen. Dagegen hätte niemand etwas gesagt, wenn jeder diese Möglichkeit gehabt hätte. So aber war der DDR-Bürger auf Westverwandte angewiesen, wenn man mit deren Geld im Intershop sich das besorgen wollte oder musste, was der reguläre Handel nicht hergab.

Sowohl die ökonomische Lücke gegenüber den Westen, wofür die DDR nur teilweise verantwortlich war, als auch die Lücke zwischen Regierenden und Regierten, die man zweifellos hätte ausbessern können, sorgten stets für eine etwas labile Lage.

Und dann gab es noch »die Stasi«

Nach 1989 fokussierten sich die Medien in erstaunlichem Maße auf das MfS. »Stasi in die Produktion« forderte man bei Demonstrationen und Protestveranstaltungen. Und als die ehemaligen Mitarbeiter dann, nach Auflösung des Ministeriums, dort anklopften, wollte man sie auch nicht haben. Denn: Auf der Suche nach einem nationalen Sündenbock war man inzwischen fündig geworden. Hauptamtliche und inoffizielle Mitarbeiter wurden für alles haftbar gemacht, was sich an Tragischem und Dämlichen in dieser DDR zugetragen hatte. Um die hinterlassenen Akten auszuwerten, wurde eine Bundesbehörde eingerichtet. Das Volk wurde geschieden in Opfer und in Täter. Und die Täter waren im und fürs MfS tätig gewesen. So einfach war das.

Ich sah »die Stasi« auf verschiedenen Ebenen. Nicht wenige DDR-Bürger haben über sie öfter gewitzelt als geweint, schon wegen der unbeholfenen Unauffälligkeit etwa der Männerpaare auf der Karl-Marx-Allee bei Staatsbesuchen und Maiumzügen. Einzelne Genossen vom VEB Horch und Guck begegneten wir ab und zu im Treppenhaus auf dem Wege zum Dach unseres Hochhauses in der Leipziger Straße. Im Hause vermuteten wir, dass zwei Nachbarn dazu gehörten, einer freundlich und aufgeschlossen, der beim Hausputz fleißig mitmachte, der andere zugeknöpft, den keiner mochte, am Ende nicht einmal mehr die eigene Frau. Ein Gerücht über einen für MfS-Familien reservierten Aufgang in einem anderen Wohnblock ließ meinen neugierige Sohn, damals 17, einen kleinen Jungen fragen, der davor auf einem Dreirad saß: »Was macht denn dein Vati?« Recht eindeutig lispelte der Kleine: »Das darf ich nicht sagen!«

Seine abweisende Art bei späteren Begegnungen ließ mich vermuten, dass auch mein zeitweiliger Zimmerkamerad an der Uni in Leipzig dazu gehörte. Hätte er mit mir, dem Ami, länger geplaudert, dann hätte er es vielleicht melden müssen. Als ich ihn nach der Wende begegnete, bestätigte er meine Verdacht. Ich möchte wetten, dass er, damals immer ein guter Kerl, kaum jemanden beschädigt hatte. Allerdings fiel mir später ein: Ob er keineswegs zufällig mit mir das Zimmer teilte?

Ich wusste, dass welche vom MfS Theater- und Kabarettvorstellungen besuchten; im aufgeregten Jahr 1961 sperrten sie einige Studentenkünstler ein. Sie besuchten sicher auch Vorträge von mir. Einmal hatte mich jemand denunziert, was aber als unbegründete Anschuldigung abgetan wurde. Doch kam auch bei mir vor, dass mal ein Projekt, mal ein Vortrag nicht zustande kam. Aber ob dies aus »Sicherheitsgründen« geschah, vermag ich nicht zu beantworten.

Dreimal wurde ich um Mitarbeit gebeten. Worin hätte diese bestehen sollen? Als US-Amerikaner genoss ich in der DDR Asylrecht und konnte aus Gründen eigener Sicherheit das Land nicht verlassen. Ich besuchte nicht einmal die USA-Botschaft, um mir Filme anzuschauen oder Veranstaltungen beizuwohnen. Wer konnte denn garantieren, dass man mich in ein Auto verfrachtete und als unkontrollierte Diplomatenpost nach Westberlin beförderte, um mich in die USA auszufliegen und zu verurteilen? Ich sagte also aus nachvollziehbaren Gründen ab. Und die Auslandsaufklärung hatte auch kein Interesse an mir. Die suchten sich unauffällige Leute, die den Sichersdiensten in den USA unbekannt waren. Als fahnenflüchtiger Kommunist aber war ich in den Staaten kein unbeschriebenes Blatt. Und Bekannte von mir in den USA waren entweder alt oder in diesem Sinne stigmatisiert. Also auch damit konnte ich nicht dienen.

Ich kann mich an ein einziges Gespräch erinnern. Ich sagte dem Mann, dass ich verstünde, warum auch die DDR gezwungen sei, einen Nachrichten- und Geheimdienst zu haben, so lange der Westen konspirativ gegen die DDR arbeite. Aber ich tauge weder zum Soldaten, weshalb ich aus den USA geflohen wäre, noch zum Agenten. Es gebe viele Berufe, die ich nicht zu meinen machen würde. (Ich dachte dabei an die Müllabfuhr: Deren Notwendigkeit ist unbestritten, doch ich persönlich würde es nicht machen wollen.)

Mir war auch bekannt, wie die Gegenseite auf diesem Felde arbeitete. Ich hörte wiederholt von Versuchen, DDR-Reisende im Westen zum Bleiben zu bewegen, also Verrat zu begehen. Sportler, Künstler, Mediziner (wovon meine Frau aus ihrem Krankenhausjob berichtete) wurden umworben. Meist stellte man es frei, doch gab es mitunter auch Druck. Ein befreundeter Sportjournalist wurde bei einer Reise in den USA immer wieder bedrängt zu bleiben; man bot ihm recht viel dafür. Als er das vierte Mal ablehnte, steckte man ihn in ein zweitklassiges Hotel und ließ ihn bis kurz vor der Rückreise wegen der Flugtickets zappeln. Als er endlich in Berlin landete, fand er sein Reisegepäck schwer und mutwillig beschädigt vor.

Ich erfuhr, dass nicht allein das MfS an meiner Mitarbeit interessiert war. Als sich meine Mutter in den 60er Jahren erkundigte, ob ich unbeschadet zurückkehren dürfe, hieß es: Ja, wenn ich denn über die Schrecken in der DDR berichtete. Ich sollte also meine Genossen, die mir Asyl und Arbeit gaben, anschwärzen und das Land madig machen.

Jahre später sagte mein Bruder, dass unsere Mutter mir nur die halbe Antwort mitgeteilt habe. Die zweite Bedingung wäre gewesen, ein Weilchen noch für die US-Firma in Ostberlin zu arbeiten.

Was nun wiederum erklärte, weshalb das MfS ein besonderes Auge auf mich warf. Woher sollten sie wissen, dass ich nicht eingewilligt hatte. Es war schon reichlich aberwitzig.

Ein Freund, ebenfalls Deserteur, überraschte mich einmal mit der Nachricht, dass er für sechs Wochen in die USA reisen werde. Ich staunte und bat ihn, mir bei der Rückkehr mitzuteilen, wie das gehe. Nur, er kehrte nicht zurück, kam aber auch nicht ins Gefängnis. Erst vor wenigen Jahren erfuhr ich durch Zufall, dass er seine geschiedene Frau in Berlin um seine DDR-Arbeitsdokumente gebeten hatte, um seine Rentenansprüche für seine Tätigkeit für die CIA geltend zu machen.

Dass beide Seiten fleißig sein konnten wurde klar, als nach sieben Jahren Recherche eine Rechtsanwältin in den USA 1.100 Seiten FBI-Berichte über mich erhielt. Vieles war geschwärzt, auch Namen, das meiste war so banal wie die MfS-Berichte, etwa Bemerkungen über ein Picknick in Buffalo, über Beiträge, die ich für linke Organisationen gespendet hatte, und eine Denunziation von einem Harvard-Studenten, die vielleicht die Army auf mich aufmerksam gemacht hatte, wodurch mein Lebensschicksal bestimmt wurde. Nach heutiger Lesart: wo in meine Biografie eingegriffen wurde.

Vieles galt meinen DDR-Jahren, man hatte mich durchaus nicht vergessen und aus den Augen gelassen. Und manches war völlig falsch und erfunden.

Diese Erfahrung machte mich immun gegen die »Stasi«-Hysterie. Cosi fan tutti – so machen es alle, sagte ich mir. Allerdings konnte man damals weder in den USA noch in der DDR jedes Telefongespräch, jede Email, fast jede Bewegung registrieren und irgendwo speichern, wozu man heute aber in der Lage ist und davon auch reichlich Gebrauch macht. Wir wissen es nicht, und müssen also auf die nächste Wende warten, wenn in einer großen Behörde alles ausgekippt werden wird.

Die Arbeit des MfS war wie die Mauer Ausdruck des Selbsterhaltungstriebs, zur Sicherung der Macht, zur Erhaltung eines Systems, dass viele als gerecht und erhaltenswert empfanden. Deshalb reihe ich mich nicht ein in die Schar jener, die per se alles verurteilen, was ihnen zu verurteilen eingegeben wird. Wenn man alle Fragen auf das Wesen einer Gesellschaft zurückführt, dann bleibt als deren Kern nur die Frage der Macht und jene, zu wessen Nutz und Frommen diese eingesetzt wird. Profitiert davon eine Mehrheit oder eine Minderheit? Der Liter Milch für jedes Schulkind oder weitere Millionen Dollar oder Euro für jene, die bereits Millionen haben? Daran scheiden sich nicht nur die Geister, sondern auch die Staaten.

Gern würde ich Herr Hubertus Knabe in seiner Gedenkstätte in Berlin-Hohenschönhausen fragen, wie er den Schülern, denen er täglich die Schrecken »der Stasi« entlarven lässt, den Umgang der Gefangenen in Guantanamo oder Abu Ghraib erklärt. Oder worin der Unterschied bestünde zwischen dem sogenannten »Grotewohl-Express«, mit dem Häftlinge nach Bautzen befördert wurden, und CIA-Transporten, bei denen Häftlinge nackt und in Windeln, mit zugeklebten Mündern und Kapuzen über Deutschland in die USA geflogen würden. Oder wie er zu dLeonard Peltier und Mumia Abu-Jamal stünde, die einsäßen, weil sie ihr demokratisches Recht auf freie Meinungsäußerung wahrgenommen hatten.

Änderungen dieses System sind kaum mehr zu vermeiden. Wie steht es dann mit Freiheit und Demokratie? Die kämpferische indische Autorin Arundhati Roy sieht sie kritisch: »Die eigentliche Frage hier ist: Was haben wir mit der Demokratie getan? ... Was geschieht wenn die Demokratie auf einmal aufgebraucht wird? Wenn sie ausgeleert und von jeglicher Bedeutung beraubt wird? Was geschieht wenn alle ihrer Institutionen wie Metastasen zu etwas Gefährlichem geworden sind? Was geschieht jetzt, wo die Demokratie und die freie Markt zu einem einzigen räuberischen Organismus zusammengewachsen sind mit nur einer dünnen, begrenzten Vorstellungskraft, die fast gänzlich um die Idee des Maximierens von Profit dreht?«

Der Australier John Pilger, einer der bekanntesten englischsprachigen Journalisten, schrieb ähnlich: »Die Demokratie ist zu einem Geschäftsplan geworden, mit einer Nettogeldsumme für jede menschliche Tätigkeit, für jeden Traum, jede Anständigkeit, jede Hoffnung. Die führenden Parteien in den Parlamenten widmen sich die gleiche Wirtschaftspolitik – den Sozialismus für die Reichen, den Kapitalismus für die Armen – und die gleiche Außenpolitik der Untertänigkeit gegenüber den endlosen Krieg. Das ist nicht die Demokratie. Ihre Beziehung zur Politik ist so etwa wie McDonalds Beziehung zum Essen.«

In einer berühmte Rede im Januar 1940 versuchte der Präsident der USA, Franklin Delano Roosevelt, die Ziele zu formulieren, wonach echte Demokratie strebe. Ich finde es noch sehr passend, jene »Four Freedoms«-Erklärung zu zitieren:

»Wir hoffen auf einer Welt, die auf vier wesentlichen Menschenfreiheiten gegründet wird. Die erste ist die Redefreiheit und die Freiheit des Gedankenausdruckes, überall auf der Welt ...

Die zweite ist die Freiheit für jede Person,Gott auf der eigenen Weise anzubeten ...

Die dritte ist die Freiheit von der Not – in Weltmaßstab übersetzt bedeutet das ökonomische Vereinbarungen, die jeder Nation ein gesundes, friedliches Leben für ihre Bewohner sichert, überall auf der Welt ...

Die vierte ist die Freiheit von der Angst, die, in Weltmaßstab übersetzt, eine weltweite Abrüstung bedeutet, wirksam bis zu dem Punkt reduziert, wo kein Land in der Lage sein wird, eine Tat der physischen Aggression gegen einen Nachbar begehen zu können – irgendwo auf der Welt.«

Gemessen an diesem Maßstab kann man weder die DDR noch die BRD als 100-prozentigen Rechts- oder Unrechtsstaat bezeichnen.

Denkt man an dem ersten von Roosevelt geforderten Punkt und an dier DDR, so muss man gewiss mit dem Kopf schütteln. Beim zweiten denkt man wohl an die vielen Dummheiten, wobei Staat und Kirche sowohl Schläge wie auch Streicheleinheiten austauschten. Zum dritten Punkt muss man bestätigen, dass der DDR große Schritte gegen die Not gelungen sind, und auch was den vierten betrifft, kann man ihr zugute halten, dass es erst nach 1990 wieder Schüsse von deutschen Soldaten und deutschen Panzern gab, und Bomben aus deutschen Flugzeugen fielen. Streiten könnte man sicherlich über vieles, doch scheint es mir sehr klar, dass eindeutige Urteile über Recht und Unrecht keineswegs schnell und pauschal möglich sind.

Welche von Roosevelts Freiheiten sind wichtiger?

Man streitet noch heute über das relative Gewicht von »Freiheit« und »Gleichheit«. Es gibt keine scharfen, klaren Gegensätze. Was ist der Mangel in der DDR an »Freiheit«, wenn ich eine Mutter in indischen Bihar oder einem Dorf in den Anden sehe und diese sich fragt: Wie kann ich heute meine Kinder am Leben halten? Pressefreiheit macht Menschen nicht satt, und wenn sie Analphaben sind können sie das Problem nicht einmal theoretisch erörtern. Ist das einseitig?

Ich muss an eine Begegnung denken, die mich sehr bewegte und zu denken gab. Während des Weltfestspiele der Jugend und Studenten im Sommer 1973 in Berlin sprach ich mit einer jungen, schwarzen Redakteurin einer linken Zeitung in Harlem. Nach einer Woche in der DDR lobte sie das Land und seine Vorzüge derart überschwenglich, dass ich es für nötig hielt, ihr zu erklären, dass sie nicht alle Seiten gesehen habe. Gerade mit der Jugend gebe es Probleme, viele Jugendliche fühlten sich bevormundet und eingezwängt, sie könnten nicht reisen und die Musik hören, die sie wollten undsoweiter.

Die Journalistin hörte zu, schaute mich groß an und sagte dann: »Du begreifst gar nichts. Bei uns geht es um das einfache Überleben!«

Die Erde gehört allen, die sie bewohnen

Wie demokratisch es in der DDR am Arbeitsplatz zuging, merkte man erst, als sich das Blatt und die Machtverhältnisse geändert hatte. Jeder Arbeiter konnte seinen Meister oder Betriebsleiter Maß nehmen, ohne dass dies Konsequenzen für ihn gehabt hätte. Tat er es nach 1990, konnte er seinen Job verlieren.

Wie sehe ich die DDR heute? Soll ich froh sein, dass eine »friedliche Revolution« sie beseitigte? Gewiss, es floss kein Blut dabei. Aber war sie wirklich friedlich? Hatte sie nichts mit dem Kalten Krieg zu tun?

Ein berühmter Journalist der USA, Lincoln Steffens, notierte nach einer Reise in die junge Sowjetunion: »Ich habe die Zukunft gesehen, und sie funktioniert.«

Später revidierte er seine Ansichten.

Ich hatte ähnlich. Soll ich sie alle verwerfen? Ich erinnere an Revolutionen in England, in den USA, in Frankreich, Russland. Meist endeten sie in Enttäuschungen, wenn nicht gar Tragödien. Doch sie alle hinterließen Spuren, nahmen in dieser oder jenen Form Einfluss auf den weiteren Gang der Geschichte.

Die Geschichte der DDR ist nicht folgenlos für Gegenwart und Zukunft Deutschlands. In den vierzig Jahren ihrer Existenz hat sie Prozesse in Gang gesetzt, die fortlaufen. Und sei es nur in den Köpfen der Menschen. Erfahrungen pflanzen sich fort in den Generationen.

Umfragen zeigen, das die Ostdeutschen im Vergleich zum Westen weniger geldmotiviert waren und sind, mehr Wert auf die Familie legen, freundlicher miteinander umgehen. Kurz nach der Wende ergaben Untersuchungen, dass nur 4 Prozent der Menschen im Osten als antisemitisch einzuordnen waren gegenüber 16 Prozent im Westen.

Es gab gravierende Unterschiede zwischen beiden Gesellschaften. Und es gab genügend Gründe, Sozialist, ja Kommunist zu werden. Ich war und bin zutiefst überzeugt, dass Menschen in allen Ländern und Farben Anspruch auf ein besseres Leben haben. Dies einzufordern macht nur jenen Angst, denen es besser geht als jenen mehr als fünf Milliarden Menschen, die unter dem Existenzminimum leben oder nur knapp darüber.

Sie meinen, wenn man hysterisch gegen die DDR, gegen den Sozialismus anschreit, hört man die Hilferufe der Hungernden und Elenden in der Welt nicht.

Sie versuchen mit obszönen Vergleichen der »Diktaturen in Deutschland« die sozialistische Idee zu diskreditieren und sie als Utopie einer gerechten Welt den Menschen ein für alle Mal auszureden.

Wenn ich täglich lese und im TV sehe, wie in meiner Heimat Zehntausende, ja Hunderttausende in Zelten oder Autos vegitieren, während rings umher Häuser, für die sie die Abgaben nicht mehr zahlen konnten, leer stehen und verfallen, dann sehe ich die DDR als ein sehr edles Experiment. Und wenn ich von Typen wie Ackermann lese, da oben auf seinem Wolkenkratzer in Frankfurt, und von seinen Wesensverwandten an der Wall Street, in der Londoner City und sonstwo, und erfahre von ihren Millionen- und Milliardengewinnen, ihren ekligen Boni noch dazu, obwohl sie für so viele Miseren verantwortlich sind, dann steigt in mir Wut hoch, und mit ihm noch stärker die Überzeugung, dass die DDR in ihrer Zielsetzung richtig war, dass sie trotz Fehler und riesiger Hindernisse vieles erreicht hat, und dass ihre schlechten Seiten nicht geleugnet, aber ihre guten Traditionen weder gefälscht, verdreht noch vergessen werden dürfen!

Ja, ich gebe zu: Einige Tränen habe ich über ihr Ende geweint. Wer wird jetzt um diese Ziele kämpfen, wer wird diese Ideale verteidigen? Was wird nun, wenn die alten Ausbeuter und Kriegsgewinnler zurückkehren, auch die neuen, und mit ihnen im Bundestag ihre Lobbyisten. Dann dachte ich aber, das die Arena für das gute Streben nicht geografisch eingeteilt. Die Elbe ist keine Grenze mehr. Neue Verbindungen werden möglich, nicht nur mit München, Essen und Hamburg, sondern weiter, bis Gibraltar und Rejkjavik und noch weiter. Das kann nur ein Gewinn sein wenn man lernt, mit Gleichgesinnten aus verschiedenen Richtungen trotz unterschiedlichen Blickpunkte zusammenzugehen.

Wir müssen begreifen, dass uns mehr verbindet als uns trennt und uns nicht aufeinander hetzen lassen. Ob Moslem oder Jude, gegen Türke oder Ghanaer, Araber oder Vietnamese, Christ oder Atheist, Sozialdemokrat oder Kommunist: Wir leben gemeinsam auf einer Welt, sie ist unser Zuhause. Wir dürfen sie nicht denen überlassen, die sie hemmungslos ausbeuten wie einen Tagebau und nach dem Prinzip handeln, das es ihnen egal ist, was nach ihnen kommt.

Nein, das darf es nicht.

Gespräch mit Victor Grossman

Als Steve Wechsler desertiertest du 1952 aus der US-Army und landetest in der DDR. Erst 1994 wurdest du mit 66 Jahren offiziell aus der US-Army entlassen. Warum bist du geflohen?

Weil ich Verfolgung in der McCarthy-Zeit fürchtete.

Du kommst aus New York. Wie war die Stadt in den 30er Jahren?

Da lebten schon damals sieben Millionen Menschen. New York war anders als heute, zum größten Teil links, und das hieß vor allem kommunistisch, sozialdemokratisch oder links-zionistisch. Ich bekam schon als Kind mit, was sich weltweit tat, und das hat mich sehr geprägt: der Spanische Bürgerkrieg, die Interbrigadisten, Hitler in Deutschland, der in unseren Augen der Leibhaftige war. Es gab damals eine große Sympathie für die Sowjetunion, die uns als einzige antifaschistische Kraft erschien.

War Antifaschismus im weit entfernten Amerika nicht reichlich abstrakt?

Natürlich hatten wir in den 30er Jahren keinen direkten Kontakt mit den Nazis. Aber wir kannten ihren Rassismus und ihren Judenhass. Weißt du, was es für eine Genugtuung für uns war, als unser schwarzer Boxer Joe Louis den Schmeling im zweiten Kampf besiegte? Der deutsche Herrenmensch verlor gegen den »schwarzen Untermenschen«! Und kannst du dir vorstellen, was es für mich bedeutet, dass in Berlin eine neue Sporthalle nach Schmeling heißt und die nach dem Antifaschisten Seelenbinder benannte Halle abgerissen wurde?

Hast du etwas von der Gewerkschaftsbewegung in deiner Jugend mitbekommen?

Aber sicher. Ich erinnere mich noch an den 40-tägigen Sitzstreik bei General Motors, an den Kampf für die 40-Stundenwoche, für Sozial- und Arbeitslosenversicherung. Das waren große soziale Kämpfe, die unser ganzes Land umgekrempelt haben.

Wann bist du zu den Kommunisten gestoßen?

Mit 14 auf der Highschool warb mich ein Freund für die Jungkommunisten-Liga. Die USA waren zu der Zeit auch im Krieg, und wir waren Verbündete der Sowjetunion gegen die Nazis. Besonders nach den Schlachten von Moskau und Stalingrad waren die Sowjets Helden, und antisowjetisch bedeutete unpatriotisch zu sein.

Was hast du nach der Highschool gemacht?

Ich bekam im Juli 1945 die Zulassung zur Harvard-Studium, glücklicherweise mit einem Stipendium. Eines Tages fragte mich ein guter Freund, ob ich nicht Mitglied der Kommunistischen Partei werden wolle: »Du bist doch ein Roter!« Erst hatte ich Bedenken, weil Kommunisten und Sowjetfreunde schon gleich nach dem Krieg wieder verteufelt wurden. Dann bezahlte ich doch meine 50 Cent Eintrittsgebühr.

In Harvard bauten wir eine KP-Gruppe auf, die bis zu 35 Mitglieder hatte – lauter interessante und brillante Leute. Aus Angst blieb die Gruppe geheim.

Kurz nach Beginn deines Harvard-Studiums warfen die USA die ersten Atombomben auf Japan. Hast du die Bedeutung des Abwurfs verstanden?

Wir merkten zwar, daß in Japan etwas Schreckliches passiert war, aber richtig begriffen haben wir die Bedeutung der Bombe erst viel später. Wir haben dann u. a. Demos gegen den Atomkrieg organisiert. Die konservativen Kommilitonen versuchten dabei, unsere Schilder runterzureißen.

Hast du nach dem Studium Arbeit gefunden?

Auf Wunsch der Partei wurde ich nach dem Studium Industriearbeiter, weil es zu wenig Kommunisten unter den Arbeitern gab. Bei meinen Bewerbungen verheimlichte ich, dass ich studiert hatte, damit nicht nach meiner politischen Einstellung geforscht wurde. Linke waren nicht willkommen. Ich arbeitete in Buffalo in zwei Fabriken, war in einer Parteigruppe für Schichtarbeiter tätig und verkaufte im Ghetto die Parteizeitung. Anders als die meisten Weißen waren die Schwarzen nicht antikommunistisch eingestellt. Im Juni 1950 begann der Koreakrieg und damit eine richtige Hetze gegen alles Linke. Eines Tages brannte sogar ein Kiosk, der unsere Zeitung führte. Ich befürchtete eine Einberufung in die Armee.

Gab es damals Wehrpflicht in den USA?

In der gesamten Geschichte der USA gab es die Wehrpflicht nur zu Kriegszeiten. 1948 wurde die Wehrpflicht dann trotzdem per Gesetz beschlossen. Dagegen haben wir demonstriert – mit drei Mann. Als Rechte zu pöbeln begannen, nahm die Polizei uns fest. Ich saß zwei Stunden im Knast, wurde angeklagt, dann aber eine Zeit später vor Gericht freigesprochen. An einer weiteren Demonstration nach dem Verfahren nahmen schon 20 Leute und viel Presse teil. Offensichtlich bezahlte Typen habe uns mit Eiern und Tomaten beworfen, wogegen die Polizei natürlich nichts unternahm.

Insgesamt stieß die Einführung der Wehrpflicht eher auf Desinteresse. Aufgrund des Gesetzes musste ich dann zur Musterung. Genossen hatten mir geraten, den Ärzten zu erzählen, dass ich Bettnässer sei, um als untauglich eingestuft zu werden. Aber das habe ich nicht über mich gebracht.

Wann wurdest du dann einberufen?

Im Herbst 1950. Ich sollte im Januar für zwei Jahre zum Dienst antreten. Ich ging bis zum Termin nach New York zurück. Meine große Sorge war, wie ich mit dem Treueeid umgehen sollte. Als Rekrut hatte man zu unterschreiben, dass man in ca. 120 namentlich aufgeführten Organisationen niemals Mitglied gewesen sei. Das waren fast alles linke Organisationen, und ich war in einem Dutzend von ihnen irgendwann einmal Mitglied gewesen.

Konntest du nicht einfach den Wisch unterschreiben?

Es ging ja nicht nur um diesen Zettel, sondern auch um ein neues Gesetz, das im Herbst 1950 erlassen wurde. In dem hieß es, dass sich »alle Mitglieder kommunistischer Organisationen sofort als ausländische Agenten« bei der Polizei zu melden hätten. Für jeden Tag, den man sich nicht meldete, wurden bis zu 10.000

Dollar Strafe oder fünf Jahre Gefängnis angedroht – für jeden Tag! Das Gesetz sah auch Lager für »Verdächtige« in »Notsituationen« vor. Übrigens hat auch der spätere Präsident Kennedy dem Gesetz zugestimmt.

Du hast dich nicht gemeldet?

Natürlich nicht. Aber wenn ich dann bei der Army zugegeben hätte, dass ich Kommunist sei und in dieser und jener linken Organisation Mitglied, musste ich befürchten, in eine gefährliche Lage zu geraten. Bei mir hätte sich womöglich schon eine Million-Dollar-Strafe oder zehnmal Lebenslänglich angesammelt. Unterschrieb ich den Treueeid aber und meine Lüge würde herauskommen, müsste ich ebenfalls mit eine Anklage rechnen. Es war ein totales Dilemma und weil sowohl Gesetz als auch Treueeid relativ neu waren, konnte mir kein Genosse einen vernünftigen Rat geben.

Wie hast du dich entschieden?

Ich beschloss in meiner Panik zu lügen und unterschrieb den Treueeid. Anfangs ging bei der Army auch alles gut. Nach der Grundausbildung wurden die Schwachen nach Korea in rückwärtige Dienste versetzt, später dann doch an die Front geworfen. Wir Gesunden wurden nach Deutschland verfrachtet. Ich wollte auf keinen Fall auf Koreaner schießen und war nun natürlich froh, gar nicht erst in den Krieg ziehen zu müssen.

Was musstest du in Deutschland tun?

Ich wurde nach Bayern ins langweilige Bad Tölz versetzt. Nach Eignungstests hat man mich zum Funker ausgebildet. Erst wollte ich nicht, weil ich befürchtete, in eine Sicherheitsüberprüfung zu geraten. Aber eine Weigerung wäre auch verdächtig gewesen, weil die Ausbildung in München allgemein als sehr attraktiv galt. Nach der Ausbildung wurde ich merkwürdigerweise nicht als Funker eingesetzt, sondern in ein Ersatzteillager für Autos abgeschoben.

Und wie kam es zu deiner Desertion?

Im August 1952, ich war bereits 18 Monate bei der Army, erhielt ich ein Einschreiben vom Pentagon. Es enthielt eine Liste aller linken Organisationen, in denen ich jemals Mitglied war und eine Anschuldigung, dass ich damit gegen meinen Treueeid verstoßen hätte. Nur meine KP-Mitgliedschaft hatten sie nicht aufgeführt. Eine Woche später sollte ich mich beim Militärgericht melden.

Warum wurdest su nicht gleich verhaftet?

Keine Ahnung. Ich fand das Verhalten der Army auch völlig unbegreiflich. Auch meine Vorgesetzten schienen nichts gewusst zu haben. Ich hatte nun große Angst vor dem Gericht und was man mir alles unterschieben wollte. Ich fühlte mich verfolgt und beobachtet.

Hast du versucht, von irgendwo Hilfe zu bekommen?

Ich hatte ja nur ein paar Tage Zeit. In den USA waren die Genossen mit sich selbst genug beschäftigt, und wer sollte in der BRD einem GI in Uniform helfen, der erzählt, dass er Kommunist sei? Bei der Army kannte ich niemanden, dem ich vertrauen konnte. Die meisten GIs waren politisch uninteressiert. Ich sah nur den Weg, mich in den Osten abzusetzen.

Die DDR war eigentlich nicht dein Ziel. Warum nicht?

Da wollte ich auf gar keinen Fall hin. In einer Militärzeitung hatte ich gelesen, dass es dort Lager gäbe für Deserteure der Westarmeen. Für mich war die DDR zwar das bessere Deutschland, eines ohne Nazis, aber trotzdem hatte ich von den Deutschen genug. Die Tschechoslowakei, Polen, Ungarn oder die Sowjetunion waren mir Recht, bloß nicht Ostdeutschland. Über Österreich, dass damals ebenfalls in vier Besatzungszonen aufgeteilt war, wollte ich zu den Sowjets gelangen. Als Fluchtort hatte ich mir Linz ausgesucht.

Hattest du deine Flucht richtig geplant oder bist du einfach auf gut Glück fliehen?

Ich hatte mir einen gefälschten Urlaubsschein organisiert und wollte am Sonntag abhauen. In den Tagen zuvor hatte ich alle Briefe und Bücher vernichtet. Zivilkleidung hatte ich zwar, durfte sie aber weder in der BRD noch in Österreich tragen. Ich befürchtete, wenn die Kasernenwache Zivilsachen bei mir entdeckte, wäre meine Flucht sofort aufgeflogen. Deshalb riskierte ich es, in Armeeklamotten abzuhauen. Doch dann wurde ich überraschend zum Küchendienst am Sonntag eingeteilt. Da man so meine Abwesenheit Sonntag sofort bemerkt hätte, entschloss ich mich, schon Samstag zu flüchten.

Wie bist du nach Linz gekommen?

Mit dem Zug. Die Donau bildete bei Linz die Zonengrenze, und auf der anderen Seite mussten die Sowjets sein. Allerdings war da auch noch eine kleine amerikanische Enklave. Nachts habe ich in Linz die Donau gesucht, immer mit der Angst im Rücken, von der Militärpolizei gefunden zu werden. Zwischendurch bin ich vor Erschöpfung eingeschlafen. Erst hielt ich einen kleinen Seitenarm für die Donau, bin dort durch und stand dann ein paar Meter weiter vor der richtigen Donau. Halb schwamm ich, halb ließ ich mich treiben, immer in der Hoffnung, nicht an dieser Enklave zu stranden.

Wie bist du dann zu den Sowjets gekommen?

Ich dachte, auf der anderen Seite stehen sie gleich mit Panzer und Kalaschnikow. Aber da war niemand. Ich bin stundenlang barfuß und ziemlich abgerissen umhergeirrt, bis mich ein Polizist aufgriff. Auf der Gendarmerie erzählte ich, dass ich zur Kommandantura wolle, und ein großer Blonder in Lederhose fuhr mich im Jeep dorthin. Ich dachte, dass er schon einer der Sowjets sei und erzählte ihm gleich meine ganze Geschichte. Aus meinen Geheimdienstakten habe ich später erfahren, dass der Blonde, ein österreichischer Polizist, nichts Eiligeres zu tun hatte, als mich bei den Amerikanern zu verpfeifen.

Wie haben sich die Sowjets verhalten?

Ich wurde ausgefragt: Name, woher, wohin? Dann wurde ich nach Baden bei Wien zum sowjetischen Hauptquartier gefahren. Zwei Wochen verbrachte ich in einer Kellerzelle. Anfangs wollten die Sowjets wissen, wo ich die ersten Stunden nach meiner Flucht verbracht hätte, und ob jemand für mich bürgen könnte. Als sie zufrieden waren, wurde ich neu eingekleidet und weggefahren. Ich habe mich nicht getraut zu fragen, wohin es ging. Schlimm war die Fahrt durch das geteilte Wien, weil ich immer Angst vor einer Verhaftung durch die Amerikaner hatte. Über die Tschechoslowakei ging es dann in die DDR nach Potsdam.

Konntest du dich dort frei bewegen?

Ich war in einer Art Villa untergebracht, allerdings unter Bewachung. Ich wollte mir einen Tarnnamen ausdenken, damit meine Verwandten in den USA nicht gefährdet und meine Spuren besser verwischt würden. Ein sowjetische Offizier schlug mir den Name *Victor Grossman* vor. Ich war nicht begeistert, aber ich hatte keinen besseren. Meine wahre Identität haben nicht einmal die DDR-Behörden erfahren, denen ich nach zwei Monaten übergeben wurde.

Was geschah dann?

Ich wurde nach Bautzen gebracht, aber natürlich nicht in den Knast. Bautzen war überschaubar und sehr weit von allen Westgrenzen entfernt. Dort lebte ständig eine Gruppe von 30 bis 40 ehemaligen Westsoldaten.

Was waren das für Deserteure?

Briten, Amerikaner, Iren, Franzosen, Afrikaner; viele sind aus persönlichen Motiven desertiert. Manche hatten etwas ausgefressen. Ich glaube, nur wenige waren aus politischen oder pazifistischen Gründen abgehauen. Ein paar Marokkaner z. B. wollten sich nicht im französischen Indochinakrieg verheizen lassen. Nach den Gründen haben wir uns untereinander nicht gefragt. Offensichtlich hatten die westlichen Geheimdienste einen Draht nach Bautzen, denn immer wieder gingen Deserteure, die nicht zurecht kamen, zurück den Westen.

Wovon hast du dort gelebt?

Anfangs wohnten wir in einem Hotel, wo Unterkunft und drei Mahlzeiten frei waren. Es gab ein Taschengeld und Sonderrationen von den Sowjets. Wir durften den Kreis nur mit Genehmigung verlassen, aber sonst gab es keine Zwänge.

Hat man dir keine Arbeit zugewiesen?

Da ich als Ungelernter galt, schleppte ich für sechs Monate Holzbohlen im Waggonbau Bautzen. Danach wurde ich im Klubhaus beschäftigt, das für die Freizeitbetreuung der Deserteure eingerichtet wurde. Unter anderem organisierte man für uns einen Berufsausbildungskurs. Die meisten hatten ja keinen richtigen Beruf. Ich lernte Dreher. Nach diesem Kurs durfte ich Journalistik in Leipzig studieren.

Wie hast du den 17. Juni 1953 erlebt?

Ich war in Bautzen, wo es relativ ruhig blieb. Wir wussten natürlich von der schlechten Stimmung in der Bevölkerung, auch von den Normerhöhungen. Wie überall gab es eine Ausgangssperre.

Wie hast du dir dein Leben in der DDR eingerichtet?

In Bautzen habe ich meine Frau kennengelernt. Sie ist mit mir nach Leipzig gezogen. Nach dem Studium gingen wir nach Berlin. Ich habe als Journalist für Zeitungen und für das Radio gearbeitet. Später bin ich freischaffend geworden, habe Bücher geschrieben und Vorträge gehalten. Davon konnte ich ganz gut, wenn auch bescheiden, leben. Ich war wohl der erste Amerikaner, der einen Trabant fuhr.

Aber in Berlin gab es doch die offene Grenze. Hattest du keine Angst, dass man dich finden und nach Westberlin schleppen könnte?

Ja, besonders zum Anfang. Aber dann habe ich mich einigermaßen daran gewöhnt.

Über den Mauerbau mußt du ja heilfroh gewesen sein.

Beruhigt schon, weil sich meine persönliche Sicherheit erhöhte, aber heilfroh ist wohl zuviel gesagt.

War die Staatssicherheit an dir interessiert?

Sicherlich werden sie mich mitunter beobachtet haben. Sie haben auch probiert, über mich Kontakt in die Vereinigten Staaten zu erhalten. Aber ich konnte sie schnell davon überzeugen, dass ich ihnen nicht weiterhelfen könne. Ich zögerte aber meine Akten einzusehen, denn mit den Gauck-Leuten hatte ich wenig am Hut.

Hast du probiert, in die USA zurückzukehren?

Ich war ja immer noch Angehöriger der US-Army und Deserteur. Ich wäre vor Gericht gestellt worden. Dieses unglaubliche Gesetz, das mich zu meiner Einberufungszeit so sehr in Panik versetzt hatte, war in den 60er Jahren vom Obersten Gericht zwar gekippt worden, aber Deserteur war ich immer noch. Hätte ich keine Angst vor einer Verurteilung haben müssen, wäre ich gern in die USA zurückgereist.

Hast du keinen Anlauf gemacht, um die Sache zu klären?

Es war genau andersherum. Mitte der 70er Jahre bekam ich Post von der USA-Botschaft. Obwohl mein richtiger Name nur den Sowjets und meiner Frau bekannt war, hatte die Botschaft einen Brief an meinen Verlag geschrieben, auf dem beide Namen angegeben waren. Ich sollte mich zur Klärung einer Staatsbürgerschaftsfrage in der Botschaft einfinden.

Das US-Militär konnte sich doch auch in Ostberlin frei bewegen. Die hätten dich problemlos in einem Koffer nach Westberlin schleppen können.

Ich hatte einigen Leuten Bescheid gesagt, wo ich hingehe. In der Botschaft versuchten mich der Konsul zur Rückkehr zu bewegen. Angeblich hätte ich keine harte Strafe zu befürchten. Das habe ich natürlich bezweifelt.

Ist dann nichts weiter passiert?

Ich bin ein paar Mal in der Botschaft gewesen. Ich wollte einen Anwalt in den USA beauftragen, dort zu erkunden, was gegen mich vorliege. Aber er brauchte dazu eine beglaubigte Vollmacht auf meinen richtigen Namen. In der DDR konnte mir keine Behörde den alten Namen bestätigen, weil der in keiner Akte vermerkt war. Viel später, im Frühling 1989, nachdem ich meine Lebensgeschichte im Bulletin der Harvard-Absolventen veröffentlicht hatte, wurde ich mit Besuchen und Briefen aus den

USA überschwemmt. Ich fragte damals noch einmal in der US-Botschaft nach, ob ich jetzt unbeschadet in die USA reisen könne. Die Konsulin meinte nur: »Die Army hat ein langes Gedächtnis. Ich würde es nicht wagen.«

Ein paar Monate später waren die Grenzen auf.

Nach der Vereinigung hatte ich wieder Angst vor der Strafverfolgung. Es passierte aber nichts. 1994 rief mich eine Rechtsanwältin an. Ich könne es nun wagen, in die USA zu reisen, und ich sagte mir: »Jetzt oder nie!« Ich bin mit meiner Frau zum Konsulat in Berlin-Dahlem gefahren. Von einem Freund aus der Bautzener Zeit wusste ich, dass er von dort gleich in die USA gebracht wurde.

Dir ist dort aber nichts passiert?

Ich habe einen Hilfspass für die Einreise erhalten. Mit meiner Frau bin ich nach New York geflogen. Als ich Long Island aus dem Flugzeug gesehen habe, ist mir richtig mulmig geworden. Auf dem Flughafen wurde ich von einigen Army-Leuten in Zivil empfangen und sofort an allen Formalitäten vorbei durchgelotst. Die haben mich dann gleich in eine Kaserne gebracht. Nach drei Stunden war ich aus der Army entlassen – 43 Jahren nach Dienstantritt.

Hat die Army nichts weiter von dir gewollt?

Ich sollte etwas über andere Deserteure in der DDR erzählen. Später fragten sie mich auch über meine Leben in der DDR aus.

Bereust du aus heutiger Sicht seine Entscheidung zu desertieren?

Meine Mutter hat mich manchmal in der DDR besucht und einmal gesagt, dass es vielleicht für mich am Ende doch besser gewesen sei, dass ich im Osten gelandet wäre. Wer weiß, was bei meiner politischen Arbeit in den USA aus mir geworden wäre. Viele meiner Freunde hatten ständig Ärger mit der CIA oder dem FBI und wurden oft entlassen.

Bist du den Sowjets noch gram, dass sie dich in die DDR gebracht haben?

Ich habe mich oft über vieles in diesem kleinen Land geärgert, aber für mich war es doch das bessere Deutschland. Ich glaube, ich hatte es hier ganz gut getroffen.

Was hast du in der Zukunft vor?

Ich will aus meiner Geschichte ein Buch zu machen. *(Grossman, Victor [Stephen Wechsler]: Crossing the River. A Memoir of the American Left, The Cold War, and Life in East Germany. Amherst: University of Massachusetts Press 2003)* Und natürlich will ich meine Akten bei den US-Geheimdiensten einsehen. Ein paar hat man mir schon gegeben, aber der große Rest liegt noch in den Geheimdienstarchiven. Vor allem will ich bei meinen Prinzipien bleiben und weiterhin für eine bessere, sozial gerechte Welt kämpfen.

Das Gespräch führte Stephan Scholz

Auszug aus einem Gespräch Daniel Sturms, 2005

Mehr als die Hälfte aller Ostdeutschen wurde in den Nachwendejahren mit Arbeitslosigkeit konfrontiert. War das nicht abzusehen? Überspitzt formuliert: Warum tauschten so viele die sozialen Errungenschaften der DDR, das Recht auf Arbeit, die garantierte Ganztagesbetreuung von Kindern und so weiter, gegen die D-Mark ein?

Fast keiner in der DDR, außer den Alten, welche die große Krise noch in Erinnerung hatten, machten sich vor der Wende wegen Arbeitslosigkeit Sorgen. Als ich in Vorträgen davor warnte, sah ich in den Augen sehr vieler Zuhörer Unglauben. Was war denn Arbeitslosigkeit? Höchstens eine kurze Unannehmlichkeit, während der man mehr Geld bekam als manche DDR-Arbeiter Lohn verdienten. Ich sah, wie die Menschen einfach nicht daran glauben wollten: Sie wollten sich ihre Träume vom goldenen Westen partout nicht zerstören lassen. Mit einem Westpass und der Westmark reisen – was könnte schöner sein? Vielleicht hinter dem Lenkrad eines BMW, wenn man tüchtig war (und wer ist in eigenen Augen nicht tüchtig)? Waren, Waren, Waren wie im Westen, und dabei Freiheit und Wiedervereinigung mit den Brüdern und Schwestern in Köln und München.

Mit der Vernichtung der DDR-Industrie wurden binnen ein bis zwei Jahren viele Träume zerstört, wenn auch manche weiterträumen und hoffnungsvoll auf Glück hoffen und vielleicht Lotto spielen. Heute droht die Vernichtung der Träume viel schneller zu werden, was Arbeitslosengeld, ärztliche Versicherung, Renten, Studiengebühren und Arbeitszeiten und -bedingungen betrifft. Schließlich brauchen die Unternehmer keine Rücksicht mehr auf die Bedingungen im anderen Deutschland zu nehmen.

Hobsbawm spricht mit Blick auf Stalin und McCarthy vom »Zeitalter der Extreme«. Wie sehen Sie Ihre eigene Lebensgeschichte in diesem Kontext? Wäre »extrem« das passende Wort?

Ich habe großes Glück in meinem persönlichem Leben gehabt. Erstens war ich gerade einige Monate zu jung, um als Soldat im Zweiten Weltkrieg zu kämpfen. Zweitens wurde ich zwar auch betroffen vom Mief und den Ängsten der McCarthy-Ära oder wenigstens der ersten Jahre davon. Als ich dann 1952 in die DDR kam, musste ich mich zwar an ein anderes Leben in einer anderen Kultur gewöhnen, aber mir wurde die Tragik dieser Zeit in den USA erspart, die viele meiner linken Freunde und Genossen hart traf. Es waren also in der Tat Jahre der Extreme, markiert durch einen Jahrhundertkampf zwischen den Kräften des Sozialismus, leider eines recht deformierten, aber doch eines Sozialismus, und den Kräften des Kapitalismus, zum Teil auch in ihrer Extremform, dem Faschismus, zum Teil in der traditionelleren Form. Aber persönlich, wenn ich von meiner panikartigen Flucht in den Osten im Sommer 1952 absehe, die fürchterlich war, doch nur kurze Zeit dauerte, brauchte ich kaum zu leiden.

Wenn Sie heute nochmals 16 wären, würden Sie sich erneut für den Kommunismus engagieren?

Der Begriff Kommunismus bedeutet für jeden etwas anderes. Für mich bedeutet er den Kampf für eine Welt, in der Kinder nicht hungern, in der Urangeschosse die Luft nicht verpesten, in der Bauernhochzeiten ohne Bomben gefeiert werden, in der alte hoffnungslose Männer und einige Jugendliche nicht obdachlos auf der Straße schlafen, und in der Frauen aus ärmeren Ländern sich nicht an gut angezogene Autofahrer oder Bordellbesucher verkaufen müssen. Eine Welt, in der die Kluft zwischen arm und reich nicht ständig wächst und in der Krankheiten nicht deshalb weiter grassieren, weil Pharma-Firmen Geld einschaufeln wollen.

Der Begriff schließt auch den Traum ein, dass, wenn genügend Menschen darum kämpfen, eine solche Welt nicht leicht, aber doch möglich ist. Meine Gene sind anscheinend so geordnet, dass solange es Leiden in der Welt gibt, auch große Gefahren für die Umwelt und die künftigen Bewohner der Erde, ich versuchen muss, an Gegenaktionen teilzunehmen.

Auch wenn ich wieder 16 wäre, vermute ich, dass ich mich wieder dieser schwierigen Genkonstellation beugen müsste, und ungefähr so wieder in die Richtung laufen würde, wie ich es einmal getan habe.